Mein Balkongarten

Isabelle Palmer

Mein Balkongarten

KREATIV GÄRTNERN AUF KLEINSTEM RAUM

Deutsche Verlags-Anstalt

Für meine Großmutter, der ich viele Anregungen und schöne Erinnerungen verdanke.

Aus dem Englischen übertragen
von Wiebke Krabbe

1. Auflage
Copyright © der deutschsprachigen
Ausgabe 2013
Deutsche Verlags-Anstalt, München,
in der Verlagsgruppe Random House GmbH

Titel der englischen Originalausgabe:
*The Balcony Gardener. Creative Ideas
for Small Spaces*

© 2012 CICO Books. An imprint of Ryland
Peters & Small Ltd.
20–21 Jockey's Fields, London WC1R 4BW
und
519 Broadway, 5th Floor, New York,
NY 10012
www.cicobooks.com
www.rylandpeters.com

Text © Isabelle Palmer 2012
Design und Fotos © CICO Books 2012

Alle Rechte vorbehalten

Lektorat: Caroline West
Grafische Gestaltung: Ashley Western
Fotos: Amanda D'Arcy und Keiko
Oikawa
Stylist: Marisa Daly
Satz der deutschen Ausgabe: Boer
Verlagsservice, Grafrath
Produktion der deutschen Ausgabe:
Monika Pitterle/DVA
Printed and bound in China
ISBN 978-3-421-03918-7

www.dva.de

FSC MIX Paper from responsible sources FSC® C008047

INHALT

VORWORT 6
DIE BASICS 9
STADTOASEN 33
KREATIVES RECYCLING 67
GUTEN APPETIT 81
BALKONFREUDE RUND UMS JAHR 115
GRÜNES TAGEBUCH 134
PFLANZENVERZEICHNIS 136
GLOSSAR 138
ADRESSEN 140
INDEX 142

VORWORT

Ich habe angefangen, dieses Buch zu schreiben, weil ich es so schwierig fand, für meinen Mini-Garten auf dem Balkon geeignete Pflanzen und passendes Zubehör zu finden. Ich wünschte mir mitten in der Stadt ein Zimmer im Grünen, in dem ich einfach sitzen und entspannen, mich umschauen und ein bisschen gärtnern konnte. Allerlei Sträucher, Blumen, Kräuter und Gemüsearten dann selbst anzupflanzen, hat mir großen Spaß gemacht, und täglich die Pflanzen (und die Tiere, die zu Besuch kommen) zu sehen, macht mir gute Laune. Ich bin aber auch einfach stolz auf meinen Garten. Darum kann ich Ihnen nur empfehlen, sich selbst eine grüne Oase anzulegen, in der Sie nach der Arbeit relaxen können.

Im Fachhandel gibt es mittlerweile viele innovative Produkte, mit denen Freizeitgärtner jedes Fleckchen nutzen können – selbst an einer Mauer oder auf dem Fenstersims können Sie einen Garten anlegen. Mit diesem Buch möchte ich Sie bei Ihren ersten Schritten ins Gärtnerleben begleiten und es Ihnen mit hilfreichen Tipps und Tricks leicht machen, es selbst zu probieren.

Richtig anfangen

Eigentlich sind wir ja alle völlig ausgelastet. Wie soll man da noch einen Garten anlegen, wenn man gar nicht weiß, wo man anfangen soll? So ging es mir am Anfang auch, und mein erster Balkongarten bestand nur aus zwei Topfpflanzen. Darum rate ich Ihnen, klein anzufangen. Mit »klein« meine ich, es zuerst mit unkomplizierten, pflegeleichten Pflanzen zu versuchen. Es ist so ärgerlich, wenn man viel Geld für Pflanzen ausgibt und ihnen dann beim Eingehen zuschauen muss. Dadurch werden alle Gärtnerhoffnungen und -träume im Keim erstickt. Aber keine Sorge, Sie brauchen kein besonderes Talent, um einen Garten zu schaffen. Denken Sie nur daran, dass Pflanzen Lebewesen sind – machen Sie sich bewusst, dass sie Wasser, Nahrung und Licht brauchen, einen geeigneten Standort und ein bisschen liebevolle Zuwendung. Das mag jetzt simpel klingen, aber darin liegt die Kunst.

Ästhetik in Grün

Wählen Sie Pflanzen aus, die zusammenpassen und suchen Sie modernes oder nostalgisches Zubehör, das Ihrem Geschmack entspricht, damit Ihr Mini-Garten ansprechend aussieht. Betrachten Sie ihn als Erweiterung des Wohnbereichs und widmen Sie dekorativen Aspekten ebenso viel Aufmerksamkeit wie der Bepflanzung. Überlegen Sie, wie sich mit Beleuchtung, Möbeln und anderen Elementen eine ganz private Oase schaffen lässt. Wenn das Budget schmal ist, setzen Sie auf kreatives Recycling und sehen Sie sich auf Flohmärkten um.

Aus eigener Ernte

Dass immer mehr Menschen das Gärtnern für sich entdecken, zeugt auch von einem Wertewandel. Das Anpflanzen von Kräutern und Gemüse ist ein kleiner Schritt in Richtung Selbstversorgung, außerdem macht es Freude, eine Handvoll Kräuter für die Küche zu schneiden oder ein Gericht mit eigenem Gemüse zu kreieren. Ich koche gern für Gäste – besonders wenn ich Zutaten verwenden kann, die ich selbst angebaut habe.

Fortschritte dokumentieren

Wenn Sie zu Saisonbeginn gesät und gepflanzt haben, sollten Sie unbedingt Fotos machen. Das mag etwas selbstverliebt klingen, aber es ist ein guter Weg, um die eigenen Fortschritte zu dokumentieren. Ich probiere jedes Jahr etwas Neues aus und lerne dabei immer dazu. Ich glaube nicht, dass man jemals alles über das Gärtnern lernen und wissen kann, aber es macht auch Spaß, immer wieder neue Überraschungen zu erleben.

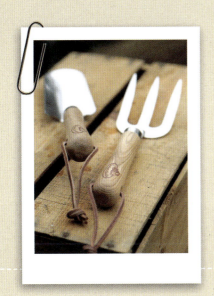

KAPITEL 1

DIE BASICS

Wer gar keine Gartenerfahrung hat, sollte hier beginnen. In diesem Kapitel erläutere ich die wichtigsten Techniken, die Sie für einen Balkongarten kennen sollten: die Auswahl und Bepflanzung von Kästen, Kübeln und Töpfen, das Wesentliche über Pflanzenpflege, das Kombinieren von Farben und die Auswahl von Accessoires, die dem Balkongarten einen ganz persönlichen Charme geben. Mit diesem Grundwissen ausgestattet, können Sie einen blühenden Balkon, einen kleinen Ziergarten oder sogar einen Mini-Nutzgarten anlegen.

Bevor Sie mit der Gestaltung und Bepflanzung eines Balkons oder Dachgartens beginnen, sollten Sie sich einige Fragen stellen: Welcher Stil gefällt mir am besten? Brauche ich Platz für Gäste? Möchte ich Kräuter oder Gemüse ziehen? Und vor allem: Wie viel Zeit will oder kann ich in die Pflege meiner grünen Oase investieren?

ERST NACHDENKEN

Wenn Sie über einen Balkon- oder Dachgarten nachdenken, lassen Sie zuallererst von einem Architekten oder Bauingenieur die Tragfähigkeit prüfen und erkundigen Sie sich, ob eine Genehmigung notwendig ist. Außerdem müssen Sie sich vergewissern, dass Balkon oder Dach wasserdicht sind. Das mag bürokratisch sein, ist aber wichtig, wenn Sie nicht später für kostspielige Schäden aufkommen wollen, etwa weil der Balkon unter dem Gewicht schwerer Kübel zusammenbricht oder weil Gießwasser ins Mauerwerk eindringt.

Kübel und Kästen stellen Sie am besten am äußeren Rand eines Balkons auf oder – auf einer Dachterrasse – in die Nähe von tragenden Wänden.

Traum und Wirklichkeit

Überlegen Sie dann, wie Sie Ihr Freiluftzimmer nutzen wollen und welche Pflanzen dort gedeihen sollen. Im Folgenden möchte ich Ihnen einige Denkanstöße geben, keine Regeln, denn es gibt sowieso immer Ausnahmen. Außerdem glaube ich nicht, dass starre Vorschriften die Freude am Gärtnern fördern. Andererseits sind Pflanzen Lebewesen, darum sollte ihr Wohlergehen Ihnen besonders am Herzen liegen.

Wählerisch sein Kaufen Sie attraktive Kübel – lieber wenige große als viele kleine. Ein kleiner Balkon kann durch zu viele Pflanzen und Dekorationen schnell überfüllt und willkürlich wirken.

Das Licht beachten Tageslicht ist für Pflanzen überlebenswichtig. Bekommt der Balkon wenig Sonne, wählen Sie schattenverträgliche Blattgewächse wie Funkien, Purpurglöckchen, Efeu oder Gräser.

Hintergrund Beginnen Sie mit immergrünen Pflanzen wie Buchsbaum oder Lorbeer. Lavendel blüht zwar nur im Sommer, bleibt aber das ganze Jahr über grün. Wählen Sie dazu blühende Stauden in Ihren Lieblingsfarben, vielleicht *Agapanthus*, Tränendes Herz, Glockenblumen oder Clematis. Alle blühen recht lange und treiben jedes Jahr wieder aus.

Ungerade Zahlen Gruppen mit ungerader Zahl wirken generell ansprechender. Setzen Sie darum eine, drei oder fünf Pflanzen in den Kübel.

Nicht zu bunt Beschränken Sie sich auf wenige Farben. Ein buntes Durcheinander lässt den Balkongarten kleiner und unruhiger wirken.

Kräuter Bevor Sie sich an Kräuter wagen, versuchen Sie es mit einem kleinen Kübel oder Kasten mit Ihren Lieblingskräutern – oder Blattsalat. Es ist ein schönes Gefühl, die Pflanzen aus Samen zu ziehen und dann in der Küche zu verwerten. Minze, Schnittlauch, Rosmarin, Petersilie und Blattsalat-Mischungen sind ideal für Einsteiger.

Gemüse Wenn Sie mit Kräutern zurechtkommen, können Sie sich weiter vorwagen. Tomaten, Frühlingszwiebeln, Möhren, Auberginen, Bohnen, Kohl, Kartoffeln, Radieschen und leckere Erdbeeren gedeihen auch auf dem Balkon, wenn die Lichtverhältnisse stimmen.

Pflege Ob Sie sich für Zierpflanzen oder für Essbares (oder beides) entschieden haben – alle Pflanzen gedeihen am besten, wenn sie regelmäßig Wasser und Dünger bekommen.

DAS HANDWERKSZEUG

Der Spaß am Gärtnern liegt auch darin, schönes Zubehör auszusuchen und damit auf dem Balkon oder dem Dachgarten zu hantieren. Natürlich brauchen Sie nicht so viele Utensilien wie in einem »richtigen« Garten, darum stelle ich hier nur einige der Werkzeuge vor, die ich besonders nützlich finde.

Gießkannen und Schläuche

Sie werden feststellen, dass mehrere kleine Gießkannen handlicher sind als eine große, die – wenn sie voll ist – recht schwer sein kann. Praktisch ist eine Kanne mit langer Tülle, mit der man gezielt auf die Erde zwischen den Pflanzen gießen kann. Zum behutsamen Gießen von zarten Sämlingen und Einjährigen sollten Sie sich einen Brausekopf zulegen. Achten Sie darauf, dass die Kanne gut in der Hand liegt, denn Sie werden im Sommer eine Menge Zeit mit dem Gießen verbringen. Natürlich können Sie zum Bewässern auch einen Schlauch benutzen. Wenn Sie keinen Außenwasserhahn haben, schaffen Sie sich eine Schnellkupplung für einen Wasserhahn im Haus an.

Schaufel und Handgabel

Diese Geräte brauchen Sie ständig, wenn Sie Substrat auflockern, jäten oder Pflanzlöcher für neue Pflanzen ausheben. Leisten Sie sich langlebiges Werkzeug aus Edelstahl. Ob Sie sich für Griffe aus Metall oder Kunststoff entscheiden, ist auch eine Frage der persönlichen Vorlieben. Probieren Sie aber vor dem Kauf unbedingt aus, wie das Werkzeug in der Hand liegt. Mein erstes Set habe ich kaum benutzt, weil es so unangenehm zu handhaben war.

Rosenschere

Selbst in einem Mini-Garten muss man hin und wieder etwas zurückschneiden, darum empfehle ich Ihnen eine gute Rosenschere. Wenn Sie Bambus oder Lorbeer als Sichtschutz pflanzen, Rosen in Kübeln halten oder Immergrüne wie Buchsbaum und *Ilex* mögen, muss die Rosenschere ab und zu gereinigt, geölt und geschärft werden.

Für die Aussaat

Wer Obst und Gemüse aussäen will, sollte hochwertiges Saatgut aus biologischer Produktion kaufen, um keine Chemikalien zu servieren. Verwenden Sie zur Aussaat am besten Töpfe aus Kokosfaser. Sie sind umweltfreundlicher als Plastiktöpfchen, denn sie werden mitsamt den Sämlingen eingepflanzt und verrotten allmählich, wenn die Pflanzen größer werden.

Halter für Blumenkästen

Halterungen für Balkonkästen müssen sehr sorgfältig befestigt werden. Hängen Sie Kästen immer auf die Innenseite der Brüstung. Außen hängende Kästen können im schlimmsten Fall herunterfallen und Passanten verletzen, aber selbst herabtropfendes Gießwasser kann Ärger nach sich ziehen. Die Anzahl der erforderlichen Halter richtet sich nach der Länge des Kastens, denn diese bestimmt, wie schwer der Kasten und seine Füllung aus feuchter Erde ist. Besonders praktisch sind verstellbare Halter, die sich der Breite der Balkonbrüstung anpassen lassen.

Schildchen und nützliche Kleinigkeiten

Schildchen sind notwendig, weil man allzu leicht vergisst, was man gesät oder gepflanzt hat. Ich empfehle, in jeden Topf sofort nach dem Bepflanzen ein Schildchen zu stecken, das mit wasserfestem Marker sauber beschriftet ist. Es müssen keine Plastikschildchen sein – verzinktes Blech, Kupfer oder Schiefer sieht viel dekorativer aus. Eine gute Anschaffung sind »Füßchen« für Kübel. Sie verbessern die Dränage und machen es Schnecken schwer, die Pflanzen zu erreichen. Außerdem brauchen Sie Gartenschnur, Bambusstäbe oder Pflanzenstützen, Gärtnerdraht und ein Gefäß zum Ernten.

Sprühflaschen

Sprühflaschen aus Plastik sind praktisch, um Zimmerpflanzen einzunebeln oder gegen Schädlinge und Krankheiten zu spritzen. Verwenden Sie hierzu biologische Produkte, lesen Sie die Dosierungshinweise genau und beschriften Sie die Flaschen.

HANDSCHUHE ziehen Sie beim Hantieren mit Substrat und beim Beschneiden von Pflanzen Handschuhe an. Natürlich genügen auch gewöhnliche Arbeitshandschuhe, aber vielleicht möchten Sie sich ein Paar originell gemusterte Gartenhandschuhe gönnen, um ganz stylisch zu gärtnern?

Für mich liegt der Spaß am Gärtnern auf dem Balkon auch darin, dass ich ihn durch die Auswahl und Anordnung der Gefäße immer wieder anders gestalten kann. Experimentieren Sie mit verschiedenen Gruppierungen, Farben, Höhen und Kombinationen.

PFLANZGEFÄSSE: AUSWAHL UND VORBEREITUNG

Bei der Auswahl und Aufstellung aller Kübel muss neben dem verfügbaren Platz auch bedacht werden, wie die Farben zusammen wirken. In dieser Phase können Sie mit verschiedenen Materialien, Farben und Texturen experimentieren. Wo nur wenig Platz ist, beschränken Sie sich auf ein großes Gefäß oder mehrere, die sich in Farbe oder Material ähneln. Dadurch wirkt die Fläche gut gefüllt, aber gleichzeitig geordnet. Hier möchte ich einige Tipps zur Auswahl der passenden Pflanzgefäße geben.

Die Größe Wie passen die Kübel zum verfügbaren Raum? Grundsätzlich gilt: je größer, desto besser. Versuchen Sie, möglichst tiefe Gefäße zu finden, die dennoch in gefülltem Zustand nicht zu schwer werden. Je größer die Substratmenge ist, desto seltener müssen Sie gießen und düngen.

Mobilität Denken Sie daran, dass Kübel auf den Balkon geschafft werden müssen und, wenn sie einmal dort sind, vielleicht umgestellt werden sollen. Für große Kübel können Sie Untersätze mit Rollen verwenden. Sinnvoller ist es aber, die Kübel an ihren Platz zu stellen und erst dann zu bepflanzen.

Gruppen Arrangements aus mehreren Gefäßen sehen schöner aus, wenn sie sich in der Höhe unterscheiden. Stellen Sie die höheren nach hinten (so wie Sie auch höhere Pflanzen in den Beethintergrund setzen würden).

TERRAKOTTA MIT ANTIKEFFEKT

Wenn Sie antike Terrakottatöpfe mit Patina lieben, aber nicht warten mögen, bis sie Patina ansetzen, können Sie ein bisschen nachhelfen. Tupfen Sie einfach mit einem Schwamm Naturjoghurt auf die Oberfläche. Nach kurzer Zeit siedeln sich Flechten und Moose an, und selbst ein neuer Kübel sieht so schnell uralt aus. Damit der Bewuchs unregelmäßig und realistisch aussieht, tragen Sie den Joghurt mal dicker und mal dünner auf.

Tontöpfe, sauber gestapelt

Pflanze und Gefäß Achten Sie darauf, dass die Kübel groß genug sind für die Pflanzen, die Sie hineinsetzen wollen.

Kübel-Vielfalt

Pflanzgefäße gibt es in verschiedensten Formen und Größen und in allen Preislagen. Viele interessante Materialien sind im Angebot: Terrakotta, Holz, Weidengeflecht, Metall (z.B. Blei-Optik für alte Gebäude und Edelstahl für moderne Stadtgärten), Keramik in vielen Farben (ideal für einen Garten mit einem »Farbthema«) und Stein. Wenn Sie sich für schwere Gefäße entscheiden, lassen Sie die Tragfähigkeit des Balkons fachmännisch prüfen. Bei Kübeln und Töpfen aus Terrakotta- oder Steinimitat sollten Sie sich erkundigen, ob sie frostbeständig sind.

Hochwertige Gefäße aus Glasfaserkunststoff sehen traditionellen Materialien sehr ähnlich, sind aber viel leichter – ideal für Gärten in luftiger Höhe. Denken Sie auch daran, dass durch poröses Terrakotta mehr Wasser verdunstet als durch porenfreie Materialien wie Metall, Kunststoff oder Fiberglas. Drahtkörbe, gefüllt mit kleineren Töpfen oder mit Kokosfasermatten ausgelegt und direkt bepflanzt, sehen besonders attraktiv aus. Natürlich können Sie statt gekaufter Pflanzgefäße auch alle möglichen Behältnisse umfunktionieren – Olivenöldosen, Zinkwannen oder Obstkisten. Wichtig ist nur, sie richtig vorzubereiten.

Gut vorbereitet

Wenn Sie die Gefäße richtig vorbereiten, werden es Ihnen die Pflanzen mit vielen Blüten oder Früchten danken.

Sauber machen Schrubben Sie die Gefäße mit einer harten Bürste und warmem Seifenwasser vor dem Bepflanzen von innen und außen sauber.

Dränagelöcher Alle Gefäße müssen Löcher im Boden haben, damit überschüssiges Wasser abfließen kann. Sie können die Löcher bohren oder – falls das Material es zulässt – auch einen dicken Nagel durch den Topfboden hämmern.

Dränageschicht Damit die Löcher nicht verstopfen, werden sie mit einer Schicht aus Tonscherben (von alten Blumentöpfen) oder Kieselsteinchen bedeckt. Für den Balkongarten sind Styroporchips ideal, weil sie besonders leicht sind.

Kübel auslegen Gefäße aus durchlässigem Material wie Holz oder Weide werden mit Plastikfolie ausgelegt, damit sie nicht verrotten. Die Folie kann mit dem Tacker fixiert werden. Drahtkörbe legen Sie mit Moos oder Matten aus Kokosfasern aus.

Dränagelöcher

Tonscherben

Dränagelöcher stechen

Wenn Sie in den Gartencenter fahren, werden Sie vor vielen Stapeln mit Säcken voller Pflanzsubstraten stehen. Neulinge empfinden diese Vielfalt meist als sehr verwirrend, darum habe ich hier einige Tipps zusammengestellt, die Ihnen bei der Auswahl des richtigen Substrats für Ihre Pflanzen helfen sollen.

ALLES ÜBER PFLANZSUBSTRATE

Grundsätzlich unterscheidet man zwischen Substraten mit und ohne Erde. Auf lange Sicht spielt das Substrat eine wichtige Rolle für die Gesundheit der Pflanzen, darum sollten Sie wissen, was Ihre Pflanzen benötigen. Die folgenden Tipps werden Ihnen bei der Auswahl helfen.

Erdsubstrate Diese Produkte enthalten eine Mischung aus Mutterboden, Pflanzenfasern, Sand und Dünger. Sie geben den Pflanzen guten Halt und speichern viel Feuchtigkeit. Das kann aber in großen Kübeln auch ein Nachteil sein, weil Substrat und Gießwasser viel Gewicht beisteuern. Anzuchtsubstrat enthält relativ wenige Nährstoffe und sollte zur Aussaat und für Jungpflanzen verwendet werden. Universalsubstrat ist nährstoffreicher und für die meisten Balkonpflanzen gut geeignet.

Erdfreie Substrate Weil diese Produkte keine Erde enthalten, sind sie wesentlich leichter, aber für die meisten Pflanzenarten bestens geeignet. Früher wurden sie aus Torf hergestellt, heute verwendet man aus ökologischen Gründen andere Pflanzenfasern, beispielsweise Kokos. Der Nachteil dieser Substrate besteht darin, dass sie leicht austrocknen und – wenn das einmal passiert ist – nur schwer wieder zu durchfeuchten sind. Es wird oft unterschätzt, dass der gerade auf Balkonen und Dachterrassen häufig anzutreffende Wind die Austrocknung beschleunigt. Darum sollten Sie auf Kübel mit erdfreiem Substrat gleich nach dem Bepflanzen ein wasserspeicherndes Granulat streuen.

Sempervivum

SPEZIALSUBSTRATE Spezielles Substrat für Blumenkästen enthält bereits wasserspeicherndes Granulat, darum ist es für den Balkongarten eine gute Alternative. Moorbeetsubstrat muss für Pflanzen wie Heidekraut, Rhododendren, Kamelien, Azaleen und Heidelbeeren verwendet werden, die keinen Kalk vertragen. Außerdem finden Sie im Fachhandel eine Reihe anderer Spezialsubstrate für Pflanzen mit besonderen Bedürfnissen, beispielsweise Orchideen, Kakteen und Zitrusarten.

Bei der Wahl der Farben für den Balkongarten steht natürlich der persönliche Geschmack im Vordergrund. Farben beeinflussen die Stimmung – wählen Sie also, womit Sie sich wohl fühlen. Meiner Meinung nach ist Farbe einer der wichtigsten Aspekte bei der Gestaltung des Topfgartens.

FARBENSPIELE

Für meinen Balkon habe ich eine begrenzte Farbpalette ausgesucht, weil viele Farben einen beengten Raum schnell unruhig und willkürlich erscheinen lassen. Wenn Ihr Garten an den Wohnbereich angrenzt, stimmen Sie die Bepflanzung auch auf die Einrichtung des Innenraums ab.

Wenn ich beispielsweise ein lila Sofa im Wohnzimmer hätte, würde ich draußen Lavendel oder Veilchen pflanzen. Und hätte ich ein Bild mit einem Schuss Pink, sähe vor dem Fenster eine pinkfarbene Schafgarbe toll aus. Durch solche farblichen »Brückenschläge« lassen sich Innen- und Außenbereich schön in Einklang bringen.

Farbe und Stimmung

Normalerweise unterscheide ich zwischen fünf grundlegenden Farbschemata, die keine starren Grenzen haben, aber ein guter Ausgangspunkt sind. Überlegen Sie, wie sich durch Farbe Stimmung schaffen lässt.

Lebhaft starke, leuchtende Farben wirken belebend. Wählen Sie für den Frühling knallgelbe Narzissen und feuerrote Tulpen und für die Sommermonate Sonnenhut oder Schafgarbe in sattem Gelb zu orangefarbener Kapuzinerkresse und karminrotem Ziertabak.

Ätherisch kühle, ruhige und entspannende Farben wie blasses Rosa, zartes Mauve, helles Blau und edles Silber wirken besonders harmonisch.

Geheimnisvoll Setzen Sie auf Pflanzen in ungewöhnlichen Farben, etwa schwarzen Schlangenbart, dunkellila Hyazinthen und lindgrünen Ziertabak.

Verführerisch Hier sind Sie mit satten, intensiven Farben wie warmem Rotbraun (etwa Schokoladenkosmee), dunklem Blau (*Agapanthus*, Rittersporn und Traubenhyazinthen) bestens beraten.

Farben kombinieren

Wenn Sie die Marschrichtung für die Farbgestaltung gewählt haben, muss über effektvolle Kombinationen entschieden werden. Vielleicht mögen Sie ein Feuerwerk »heißer« Farben wie Orange, Rot und Gelb? Oder sind Ihnen »kühle« Farben wie zartes Rosa, Hellblau und sanftes Mauve lieber? Auch die folgenden Prinzipien können bei der durchdachten Farbwahl helfen:

Kontraste Farben wie Blau und Weiß oder Violett und Gelb sind Kontrastfarben und betonen sich gegenseitig, wenn sie nebeneinander stehen.

Abstufungen Ähnliche Farben aus einer »Großfamilie« harmonieren immer miteinander – beispielsweise dunkellila Iris, Rosen in zartem Rosa und Zierlauch in knalligem Pink.

Ton in Ton Sehr edel sieht es aus, wenn Sie sich auf eine Farbe und ihre feinen Nuancen beschränken, etwa Weiß, Creme und Silber oder verschiedene Schattierungen von Flieder und Violett.

Die grüne Basis

Grün ist in jedem Garten eine feste Größe, zu der alle anderen Farben in Beziehung stehen. Aber auch Grün hat zahllose Nuancen – vom dunklen Grün des *Ilex* bis zum silbrigen Graugrün des Salbeis. Planen Sie auch Pflanzen mit buntem Laub ein, etwa Purpurglöckchen mit rotbraunem Laub oder Mannstreu mit silbrigen Blättern.

Sobald die Gefäße vorbereitet sind, können sie bepflanzt werden. Es ist sinnvoll, sie vorher an ihren endgültigen Platz zu stellen, denn vor allem größere lassen sich kaum noch bewegen, wenn sie erst einmal mit Pflanzsubstrat gefüllt sind.

PFLANZGEFÄSSE

SIE BRAUCHEN

Kübel, Kästen und Töpfe

Dränagematerial

Substrat (für Ihre Pflanzen geeignet)

Wasserspeicherndes Granulat

Pflanzen Ihrer Wahl

Langzeitdünger (Granulat)

Gefäße richtig bepflanzen

Aus Erfahrung rate ich dazu, die Gefäße morgens oder am späten Nachmittag zu bepflanzen, statt in der Mittagshitze. Ich gieße beim Pflanzen reichlich und versorge meine Gewächse mit einem geeigneten Dünger.

1 Etwas Dränagematerial über die Abzugslöcher geben, dann das Pflanzgefäß zu zwei Dritteln mit Substrat füllen und durchdringend gießen. Sie können jetzt auch wasserspeicherndes Granulat zugeben, das sich vollsaugt und das Wasser langsam wieder abgibt.

2 Die Pflanzen vorsichtig aus ihren Töpfen nehmen, die Wurzeln behutsam auflockern und in das Gefäß setzen. Der Wurzelballen darf nicht über den Gefäßrand hinausstehen. Probieren Sie verschiedene Anordnungen der Pflanzen aus, aber lassen Sie ihnen ausreichend Platz zum Wachsen.

3 Pflanzsubstrat in die Lücken zwischen den Pflanzen füllen und vorsichtig andrücken. Das Gefäß nur bis 2,5 cm unter dem Rand füllen, damit es beim Gießen nicht überläuft. Kübel- und Topfpflanzen müssen auf engem Ram wachsen und Blüten bilden. Sie verbrauchen die Nährstoffe im Substrat schnell. Mischen Sie darum einen Langzeitdünger, der die Nährstoffe langsam abgibt, unter die oberste Substratschicht (Dosierung gemäß Herstellerangabe).

4 Die Pflanzen sofort gründlich begießen. Im Sommer täglich gießen, bis das Wasser aus den Abzugslöchern herausläuft.

FÜR DIE PERFEKTE OPTIK Bedecken Sie das Substrat mit einer Schicht aus Schiefersplitt, Kies, Muscheln, Moos oder grobem Sand. Das sieht schön sauber aus, aber die Mulchschicht bremst bei warmem Wetter auch die Verdunstung von Feuchtigkeit aus dem Substrat.

Die Basics

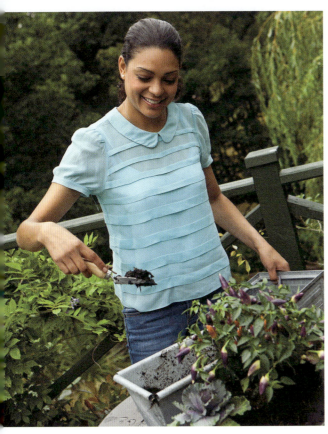

Kübel- und Topfpflanzen sind etwas anfälliger für Zugluft und Trockenheit als ihre Verwandten im Gartenbeet. Mit regelmäßiger Pflege, vor allem während der Wachstumsperiode, werden sie aber in gutem Zustand bleiben und reich blühen.

PFLEGE NACH DER PFLANZUNG

Gießen

Die wichtigste Aufgabe ist das Gießen. Vom Spätfrühling bis zum Frühherbst brauchen Ihre Pflanzen täglich Wasser. An heißen Tagen müssen Sie eventuell sogar zweimal gießen. Dazu können Sie eine Gießkanne benutzen oder, wenn ein Außenwasserhahn vorhanden ist, auch einen Schlauch. Wenn es Ihnen nichts ausmacht, den Schlauch durch ein offenes Fenster zu führen, könnten Sie an den Wasserhahn in Küche oder Bad eine Schnellkupplung schrauben. Und falls Ihnen das Gießen zu mühselig ist, installieren Sie ein automatisches Tropfbewässerungssystem mit einer Zeitschaltuhr. Praktisch sind auch Kübel und Kästen mit einem Wasserreservoir, aus dem sich die Pflanzen selbst versorgen.

Düngen

Auch das Düngen dürfen Sie bei Kübel- und Topfpflanzen nicht vernachlässigen. Die Nährstoffe in Erdsubstraten sind nach etwa zwei Monaten verbraucht, in erdfreien Substraten oft schon nach einem Monat. Danach sollten Sie die Pflanzen von der Frühlingsmitte bis zum Frühherbst alle ein bis zwei Wochen mit einem Flüssigdünger versorgen, der ins Gießwasser gegeben wird (Dosierung gemäß Herstellerangaben). Sie können auch bei der Pflanzung einen Langzeitdünger unter das Substrat mischen, der allmählich über mehrere Monate Nährstoffe abgibt. Spezialdünger, beispielsweise für Rosen oder Tomaten, sorgen durch ihre besondere Nährstoffzusammensetzung für reiche Blüten und gute Fruchtbildung.

Neu bepflanzen, umtopfen und auffüllen

Sie können Ihre Kübel und Töpfe über Jahre hinweg immer wieder benutzen, zum Beispiel zuerst für Frühlings-Zwiebelblüher, dann für Sommerblumen oder Gemüse. Allerdings sollten Sie bei jeder Neubepflan-

VERMEHRUNG DURCH STECKLINGE Viele Sträucher und Stauden lassen sich durch Triebstecklinge vermehren. Von einer älteren Pflanze ca. 10 cm lange Triebspitzen direkt unter einem Blattansatz abschneiden. Alle Blätter und Seitentriebe mit entfernen, nur das obere Blattpaar stehen lassen. Das Ende des Stecklings in Bewurzelungshormon tunken, dann in einen kleinen Topf mit Pflanzsubstrat stecken und begießen. Den Topf mit einem durchsichtigen Plastikbeutel bedecken (mit einem Gummiband fixieren) oder das abgeschnittene Ende einer Plastikflasche darüber stülpen und den Topf auf die Fensterbank stellen, bis der Steckling Wurzeln hat.

Ausputzen

Düngen

Gießen

zung das Substrat komplett austauschen. Bei kleinen Bäume oder Sträuchern, die dauerhaft in einem Gefäß wachsen, genügt es aber, die oberste Substratschicht (ca. 5 cm) abzunehmen und frisches Substrat aufzufüllen. Erst wenn die Pflanze für ihren Kübel zu groß geworden ist, wird sie in ein größeres Gefäß mit frischem Substrat gepflanzt.

Ausputzen
Gewöhnen Sie sich an, verwelkte Blüten und trockene Blätter regelmäßig zu entfernen. Dadurch sehen Ihre Pflanzen immer schön gepflegt aus. Vor allem wird dadurch aber die Bildung neuer Blüten gefördert und Sie beugen Schädlingen und Krankheiten vor, die sich gern auf abgestorbenen Pflanzenteilen ansiedeln.

Winterschutz
Manche mehrjährigen Kübel- und Topfpflanzen vertragen keinen starken Frost und sollten darum an einen geschützten Platz geräumt werden. Sie können die Pflanzen mitsamt den Gefäßen aber auch mit einem isolierenden Material einpacken.

Schädlinge und Krankheiten
Auch im Balkongarten können trotz der hohen Lage allerlei Schädlinge und Krankheiten auftreten. Blattläuse und Grauschimmel sind verbreitet, außerdem gibt es Schädlinge und Krankheiten, die bestimmte Obst- und Gemüsearten befallen. Blattläuse an Zierpflanzen lassen sich mit einer Mischung aus Wasser und Geschirrspülmittel behandeln oder mit einem Insektizid (in einer deutlich beschrifteten Sprühflasche). Verwenden Sie nach Möglichkeit nur biologische Bekämpfungsmittel. Bei schwerem Befall kann es notwendig sein, die betroffene Pflanze zu entfernen, ehe sich das Problem auf Nachbarpflanzen ausweitet. Wenn Sie keine Chemikalien einsetzen möchten, können Sie auf Mischkultur setzen, um Schädlinge fernzuhalten. *Tagetes* und Tomaten oder Borretsch und Erdbeeren sind beispielsweise gute Nachbarn.

Mischkultur (Tagetes und Tomaten)

Im Frühling Schilder schreiben

Früh blühende Sträucher im Sommer schneiden

Zwiebelblüher im Herbst pflanzen

Erste Blüten im Spätwinter

Der Vorteil eines Kübel- oder Topfgartens in der Stadt besteht darin, dass sich der Pflegeaufwand im überschaubaren Rahmen hält. Es gibt zwar zu jeder Jahreszeit etwas zu tun, doch dafür brauchen Sie so wenig Zeit, dass Sie beim Gärtnern wunderbar abschalten und entspannen können.

SAISON-PFLEGE

Frühling

Jetzt überlegen Sie sicherlich voller Begeisterung, wie Sie den Balkongarten gestalten und bepflanzen wollen. Beginnen Sie mit einem Großputz: Leere Kübel und Töpfe auf Schäden kontrollieren, säubern und vorbereiten. Braune Blätter von den Pflanzen abzupfen. Schneiden Sie abgestorbene Pflanzen aus dem Vorjahr zurück. Kaufen Sie Samen und Zwiebeln für Sommerblüher, die jetzt gesät und gepflanzt werden.
Pflanzen Sie einjährige Sommerblumen – aber erst, wenn nicht mehr mit Nachtfrost zu rechnen ist.
Beschriften Sie alle neu bepflanzten Kübel, Töpfe und Kästen. Topfen Sie langlebige Gewächse um oder erneuern Sie die oberste Substratschicht. Regelmäßiges Gießen und Düngen ist wichtig!

Sommer

In dieser Jahreszeit dürfen Sie das Gießen und Düngen nicht vernachlässigen. Aber nun können Sie sich auch an der Blütenpracht Ihres Gartens freuen.
Bepflanzen Sie weitere Kästen und Kübel mit einjährigen Sommerblumen. Jetzt ist die Auswahl in den Gartencentern am größten.
Gießen Sie täglich (an heißen Tagen zweimal täglich) und versorgen Sie Ihre Pflanzen alle zwei Wochen mit Dünger.
Putzen Sie welke Blüten aus, damit die Pflanzen neue Blüten bilden.
Halten Sie die Augen nach Krankheiten und Schädlingen offen. Buchsbaum wird jetzt geschnitten.
Schneiden Sie früh blühende Sträucher wie Kamelien oder Schneeball jetzt leicht zurück.
Räumen Sie das welke Laub von Frühlings-Zwiebelblühern ab.
Stutzen Sie überlange Triebe und Pflanzen, die in Saat geschossen sind.
Ernten Sie das erste Gemüse, frische Kräuter und essbare Blüten (z.B. von Veilchen und Zucchini).
Suchen Sie Zwiebelblüher für das kommende Frühjahr aus.

Herbst

Wenn das Gartenjahr zu Ende geht, können Sie die herrlichen Herbstfarben genießen und Ihre Erfolge (und Misserfolge) überdenken.
Bepflanzen Sie saubere Kübel und Töpfe mit Blumenzwiebeln.
Ernten Sie letzte Gemüse.
Schneiden Sie vor dem Winter abgestorbene Zweige von Bäumen und Sträuchern zurück.
Entfernen Sie verblühte Einjährige aus den Gefäßen.
Verschenken Sie langlebige Bäumchen oder Sträucher, die für den Balkon zu groß geworden sind. Jetzt ist die richtige Zeit, sie ins Beet zu pflanzen.

Winter

Jetzt spielen Immergrüne wie *Ilex*, Lorbeer und Buchsbaum die Hauptrolle im Balkongarten.
Stülpen Sie leere Kübel oder Töpfe als Frostschutz über empfindliche Pflanzen.
Gießen Sie Immergrüne auch im Winter bei Trockenheit gelegentlich.
Schmieden Sie Pläne fürs nächste Jahr. Blättern Sie in Gartenbüchern und Katalogen und überlegen Sie, was Sie gern pflanzen würden.
Gönnen Sie sich eine verdiente Ruhepause.

Ein Garten in luftiger Höhe ist großartig! Bei der Pflanzenpflege haben Sie einen herrlichen Blick, und die Skyline einer Stadt gibt eine tolle Kulisse für Pflanzen und Gartendekorationen ab. Allerdings müssen Sie bei Pflanzenwahl und Gestaltung auch die besonderen Tücken der Höhenlage berücksichtigen.

SCHWIERIGE LAGEN

Wind und Sonne

Natürlich bietet ein hoch gelegener Garten viele Möglichkeiten zur kreativen Gestaltung, aber Sie müssen dabei auch sein besonderes Mikroklima berücksichtigen. Das bedeutet, dass bei der Auswahl der Pflanzen und der Gestaltung des »Raums« neben ästhetischen Aspekten auch praktische Gesichtspunkte zu bedenken sind.

Sichere Befestigung Auf Balkons und Dachterrassen ist es normalerweise recht windig. Blumenkästen und -töpfe, Kübel, Möbel, Spaliere, Sichtschutzwände und andere Elemente müssen sorgfältig befestigt werden, damit sie nicht von Windböen umgeworfen werden.

Trockenheitsverträgliche Pflanzen Wind und Sonne lassen das Pflanzsubstrat schnell austrocknen. Darum sollten Sie Pflanzen wählen, die mit solchen Bedingungen gut zurechtkommen. Dazu gehören Pflanzen mit schmalen Blättern, z.B. Neuseeländer Flachs, Keulenlilie und Gräser, aber auch kleinblättrige Gewächse wie *Cotoneaster* und *Escallonia*, graublättrige Pflanzen wie Lavendel, Rosmarin und Thymian sowie natürlich Kakteen und Sukkulenten.

Windschutz Wenn Ihr Balkon sehr windig ist, pflanzen Sie einen grünen Windschutz. Geeignet sind hierfür Kamelien und Buchsbaum, aber auch Wacholder und Duftschneeball.

Trockenheitstolerante Pflanzen

Sicher befestigter Blumenkasten

Sonnenhungriger Rosmarin

Bambus als Windschutz, Efeu und Farn im Schatten

Kleine Schönheiten Niedrige Zwiebelblüher für Frühling und Sommer werden vom Wind nicht so leicht umgeknickt.

Schatten

Manche Balkone und Dachgärten sind schattig oder einsehbar. Der Schatten von Nachbargebäuden oder vorspringenden Balkonen höherer Wohnungen kann sogar Einfluss darauf haben, welche Pflanzen auf Ihrem Balkon gedeihen. Doch auch diese Bedingungen müssen der Gartenfreude nicht im Weg stehen.

Schattenpflanzen Buchsbaum, Purpurglöckchen und verschiedene andere Pflanzen gedeihen gut im Schatten und brauchen wenig Pflege. Auch schattenverträgliche Kletterpflanzen wie Efeu oder Kletterhortensien eignen sich gut für Einsteiger. Setzen Sie solche Pflanzen aber nicht an rissiges Mauerwerk, denn ihre Haftwurzeln zwängen sich in jede Lücke und können auf lange Sicht Schäden an der Bausubstanz anrichten.

Überhängende Balkone Wenn der Balkon der nächsthöheren Etage Schatten auf Ihren Balkon wirft, brauchen Sie Pflanzen, die mit wenig Licht zufrieden sind. Denken Sie daran, dass der höhere Balkon auch Regen abhält: Sie müssen eventuell häufiger gießen.

Licht reflektieren Ein schattiger Balkon wirkt heller und freundlicher, wenn Sie die Wände weiß streichen, Spiegel aufhängen und hellen Kies als Mulch verwenden. Das Licht, das von den hellen Elementen reflektiert wird, tut auch Ihren Pflanzen gut.

Schwierige Lagen

Nachdem die wichtigsten Einrichtungselemente des Balkons oder Dachgartens festgelegt und die Gefäße bepflanzt sind, können Sie sich den Details widmen. Das Aussuchen origineller Accessoires für die grüne Oase in der Stadt macht viel Spaß und die Auswahl ist riesig.

DEKORATIVE DETAILS

Gerade die dekorativen Details beeinflussen, wie einladend ein Balkon oder eine Dachterrasse wirkt, und davon wiederum hängt ab, wie viel Zeit Sie dort verbringen werden. In Kapitel 5 gehe ich darauf ein, wie sich der Balkon für Gäste herrichten lässt. Hier möchte ich einige Tipps geben, wie Sie ihm einen ganz persönlichen Touch verleihen können.

Bodenbelag Schauen Sie sich den Stil Ihres Hauses genau an und suchen Sie für Balkon oder Dachgarten einen passenden Boden aus. Holzdielen und Kunstrasen sind beliebt, aber vielleicht gefällt Ihnen eine farbige Auslegeware für den Außenbereich besser? Bevor Sie größere bauliche Veränderungen in Angriff nehmen, lassen Sie sich bitte von einem qualifizierten Architekten oder Bauingenieur beraten.

Stimmungsvolle Beleuchtung Mit Teelichtern in hübschen Gläsern, dicken Kerzen in Laternen oder bunten Lampions schaffen Sie am Abend eine intime Atmosphäre, die dazu einlädt, ein bisschen länger im Freien zu bleiben und den Balkongarten wie einen Wohnraum zu nutzen.

Möbel Die beste Wahl sind leichte Möbel, etwa ein Bistrotisch und einige Stühle für zwanglose Mahlzeiten an der frischen Luft. Für kleine Balkone empfehlen sich Klappmöbel, die sich im Winter leicht verstauen lassen.

Sonnenschirm Wenn Ihr Balkon oder Dachgarten sehr sonnig ist, schaffen Sie sich einen Sonnenschirm an. Es gibt Modelle in vielen Größen und Stilrichtungen. Achten Sie darauf, dass der Schirm sicher befestigt ist oder einen ausreichend schweren Fuß hat.

Kissen und Decken Mit bunten Kissen und lässig drapierten Decken wirkt der Balkon gleich viel freundlicher – und die Sitzmöbel sind bequemer. Vielleicht möchten Sie auch ein paar große Sitzkissen auf dem Boden verteilen?

Wasserspiele Ein Miniaturteich aus einer alten Zinkwanne oder einem Holzfass, bepflanzt mit einer kleinen Seerose und anderen Wasserpflanzen, wirkt herrlich beruhigend und lässt sich auf einem größeren Balkon leicht unterbringen. Wenn eine Außensteckdose vorhanden ist, können Sie sogar einen Sprudelstein oder einen leisen plätschernden Wandbrunnen anschließen.

> **HINGUCKER** Als Blickfang für einen Dachgarten bieten sich elegante Lorbeer- oder *Ilex*-Hochstämmchen an. Auch eine interessante Skulptur – figürlich oder abstrakt – kann reizvoll aussehen und für Gesprächsstoff sorgen.

Die Basics

KAPITEL 2

STADTOASEN

Viele Stadtwohnungen sind relativ klein, und auch der Außenbereich hat oft nur bescheidene Ausmaße. In diesem Kapitel stelle ich eine Reihe von Gestaltungsideen und -themen vor, mit denen sich in einer Großstadt ein stilles Plätzchen an der frischen Luft schaffen lässt. Sie brauchen nur ein bisschen Fantasie, um sich Ihr ganz persönliches Freiluftzimmer einzurichten, in dem es sich wunderbar entspannen lässt.

Wenn Sie in einer Großstadt mit Hochhäusern, verkehrsreichen Straßen, Lärm und Abgasen wohnen, ist eine grüne Oase ein enormer Zugewinn an Lebensqualität. Selbst der kleinste Balkon oder Dachgarten lässt sich in ein Freiluftzimmer verwandeln, in das sich der Stadtmensch aus dem hektischen Treiben zurückziehen kann.

REFUGIUM IN DER STADT

Dieser Dachgarten nimmt durch seine Gestaltung mit Metall, klaren Farbflächen und geraden Linien auf die urbane Umgebung Bezug. Wenn die räumlichen Gegebenheiten es zulassen, kann so ein grünes Zimmer eine Erweiterung und Aufwertung des Wohnbereichs sein. Kübel- und Topfpflanzen haben den Vorteil, dass sie bei Bedarf umgestellt werden können. Wenn Sie die Inneneinrichtung verändern, können Sie problemlos auch den Außenbereich passend umgestalten und die Pflanzen an eine andere Stelle räumen. Für diesen Stadtbalkon habe ich Pflanzen mit Formen ausgesucht, die mit der Stadtarchitektur harmonieren. Ihre klaren, ausdrucksvollen Farben finden das Echo in den schlichten, einfarbigen Möbeln. Für solche Effekte eignet sich Schafgarbe hervorragend, die es in verschiedenen kräftigen Farben gibt. Wer zusätzlichen Sichtschutz wünscht oder sich mit mehr beruhigendem Grün umgeben will, könnte für einen Balkon dieses Stils auch Lorbeer und Goldrohrbambus (siehe Seite 38–39) wählen.

DIE PFLANZEN

Gräser (z.B. Chinaschilf, Federborstengras oder rotes Lampenputzergras)

Pflanzen mit klaren Formen (z.B. Keulenlilie, Neuseeländer Flachs oder Yucca)

Pflanzen mit starken Farben (z.B. Schafgarbe, Dahlien, Sonnenhut, Purpurglöckchen oder Goldrute)

Gräser und Pflanzen mit Statur

Auf kleinen Stadtbalkonen lohnt es sich oft, auf Pflanzen mit ausdrucksvollen Formen zu setzen. Zu einem modernen Stadtbalkon mit geradliniger Struktur und Einrichtung passen Pflanzen in verschiedenen Höhen, Farben und Texturen gut, die durch ihre klaren Formen mit der modernen Umgebung korrespondieren. Mir gefällt die Kombination aus Gräsern und Keulenlilie hier besonders gut. Vor allem, wenn sie direkt nebeneinander stehen, fällt der spannende Kontrast der weichen Gräser zu den spitzen, harten Linien der Keulenlilie ins Auge. Ich mag große, elegante Gräser als Hintergrundpflanzen für Stadtgärten, weil sie mit ihren Halmen und ihrer Wuchsgestalt so abwechslungsreich aussehen. Gräser gibt es in vielen Farben und Texturen, Sie können also nach Herzenslust experimentieren und beispielsweise kleinere Pflanzen davor aufstellen. Keulenlilien sehen beeindruckend aus und passen gut zu anderen Pflanzen mit starken Formen. Außerdem sind sie ausgesprochen pflegeleicht und gedeihen hervorragend in Kübeln. Und wegen ihres ausgeprägten Blickfangcharakters brauchen Sie nur wenige Pflanzen pro Kübel.

Farbe großzügig einsetzen

Ein Waldboden voller Glockenblumen, ein Kornfeld voller Klatschmohn oder eine Wiese mit Narzissen – große Farbflächen sehen in der Natur hinreißend aus. Solche Blockeffekte sorgen aber auch in einem kleinen Balkon- oder Dachgarten für Aufsehen. Schlichte, fließende Linien und harmonische Farben vertragen sich gut und fallen sofort ins Auge. Auf kleinem Raum ist es besonders wirkungsvoll, verschiedene Blumen und Pflanzen in gleichen Farben zu wählen. Ich gehe an die Farbgestaltung ganz ähnlich heran wie ein Modedesigner ans trendige Color-Blocking, indem ich drei einfache Grundprinzipien anwende: »Farbe und Kontrast« setze ich häufig durch einen lebhaften Hintergrund in verschiedenen Farben und Schattierungen um (etwa Rosa zu Silber, Gelb und Grün). Für »Knalleffekte« sorge ich mit exotischen Farben, die sich durchaus auch beißen dürfen (beispielsweise Rot zu Pink, Schwarz und Silber). Und außerdem setze ich auf »die Macht der drei«, denn ich finde, dass drei schlichte, aber ausdrucksvolle Farben eine gute Kombination sind (zum Beispiel Violett, Rosa und Blau). Beim Umgang mit starken Farben spielen auch Wiederholung und Mengenanteile eine Rolle. Es kann toll aussehen, eine intensive Farbe mehrmals zu wiederholen, vor allem, weil es so viele wunderbare Nuancen gibt.

Schafgarbe

Sonnenhut

Nostalgischer Leuchter

Knalliger Vintage-Stuhl

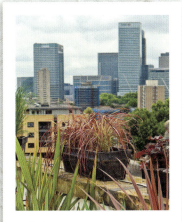

Rotes Lampenputzergras

Ballonblume

EINEN STADTBALKON AUSSTATTEN Orientieren Sie sich an der urbanen Umgebung, beispielsweise mit einer geradlinigen, modernen Formensprache. Überlegen Sie, ob Sie einen Esstisch mit Stühlen brauchen oder ob Ihnen ein bequemer Liegestuhl lieber wäre. Wenn der Platz knapp ist, genügt schon ein kleiner Beistelltisch – oder reichlich Decken und Boden-Sitzkissen.

Es liegt in der Natur der Sache, dass viele Stadtbalkone eine unansehnliche Aussicht haben. Andere wiederum liegen im direkten Blickfeld von Fenstern der Nachbarwohnung. Zum Glück gibt es viele Pflanzen, die sich gut als Sichtschutz eignen. Mir gefallen immergrüne Gewächse am besten, weil sie ihre abschirmende Funktion zu allen Jahreszeiten erfüllen.

SICHTSCHUTZ-PFLANZEN

SIE BRAUCHEN

Pflanzkasten, 80 cm lang

Tonscherben oder Kiesel als Dränageschicht

Universalsubstrat

2 Echter Lorbeer (nur bedingt winterhart, alternativ Kirschlorbeer), je 2 m hoch

2 Pflanzen Goldrohrbambus, 2,5 m hoch

Wenn Sie mit der Bepflanzung eine unschöne Aussicht verdecken wollen, wählen Sie Pflanzen, die schnell groß werden, zum Beispiel Goldrohrbambus und Lorbeer. Sie bilden schon in jungem Alter einen guten Sichtschutz, der mit den Jahren immer besser wird. Geben Sie vor der Pflanzung Tonscherben, Kiesel oder Styroporchips in den Pflanzkasten, damit die Abzugslöcher im Boden nicht mit Substrat verstopfen. Weil die Pflanzen langfristig im Kasten bleiben, sollten sie in ein hochwertiges Universalsubstrat gepflanzt werden.

Die richtigen Bedingungen

Echter Lorbeer gedeiht in voller Sonne und im Schatten. Damit ist er ein idealer Kandidat für Balkone und Dachgärten. Er verträgt Trockenheit, muss also nicht zu oft gegossen werden – was vielbeschäftigte Stadtmenschen zu schätzen wissen. Weil er schnell wächst, empfiehlt er sich für alle, die nicht lange auf den Sichtschutz warten wollen. Da Echter Lorbeer aber nur bedingt winterhart ist, sollten Sie an einen geeigneten Winterschutz denken. Eine Alternative zu Echtem Lorbeer ist Kirschlorbeer, der mittlerweile zu relativ winterharten Gewächsen gezüchtet wurde, die draußen gut überwintern können. Goldrohrbambus hat attraktive, goldgelbe Stiele. Auch er wächst in der Sonne oder im Teilschatten, braucht aber etwas Windschutz. Bei starkem Wind können die Blätter verdorren. Für einen windigen Balkongarten sollten Sie darum lieber Echten Lorbeer bzw. Kirschlorbeer wählen. Im Gegensatz zum Lorbeer braucht Bambus reichlich Wasser, er bildet aber innerhalb kurzer Zeit einen sehr schönen Sichtschutz aus schlanken, hellgrünen Blättern.

Die richtige Pflege

Beide Sichtschutzpflanzen sind unkompliziert und relativ anspruchslos. Sie brauchen sich nicht jeden Tag um diese Pflanzen zu kümmern. Nur direkt nach der Pflanzung ist etwas mehr Zuwendung sinnvoll. Beide gedeihen gut in Kübeln und großen Kästen. In Trockenperioden sollten Sie häufiger gießen und gelegentlich einen geeigneten Dünger unter das Gießwasser mischen ? vor allem, wenn der Kasten viele Abzugslöcher im Boden hat.

Goldrohrbambus

Lorbeer

KLEIN UND FEIN Wenn nur ein niedriger Sichtschutz nötig ist, genügt schon eine hübsche, kleinwüchsige Hortensie in einer alten Holzkiste. Sie könnten auch einige höhere Töpfe mit Mähnen-Gerste bepflanzen. Dieses Gras ist zwar kurzlebig und nicht immergrün, bildet aber zarte, hellgrüne Samenstände mit einem Hauch Rosa, die sich im Wind wiegen. Ähnlich bezaubernd sieht das etwas kleinere, hellgrüne Hasenschwanzgras aus. Beide wirken besonders dekorativ, wenn sie en masse gepflanzt werden.

Kleinwüchsige Hortensie

Sichtschutz-Pflanzen

Viele Balkongärtner starten mit großem Enthusiasmus in die Saison. Doch wie das Leben so spielt: Dauernd stehen andere Dinge an, und bald schon beginnt der Garten darunter zu leiden. Darum habe ich mir Lösungen für Balkonbesitzer mit sehr wenig Zeit (oder wenig Lust) überlegt, die sich einen blühenden Garten wünschen, ohne viel Mühe in die Pflege investieren zu müssen.

DER PFLEGELEICHTE GARTEN

DIE PFLANZEN

Buchsbaum

Trockenheitsverträgliche Pflanzen (z.B. Keulenlilie und Blauschwingel)

Stauden (z.B. See-Mannstreu/Stranddistel)

Sukkulenten (z.B. Fetthenne und Dachwurz)

Dieser Miniaturgarten mit den weiß getünchten Wänden, den bunten Möbeln und den Sukkulenten mit ihren wachsartigen, fleischigen Blättern lässt an träge Tage in heißen Ländern denken. Er macht fast gar keine Arbeit, denn ich habe ihn hauptsächlich mit Pflanzen ausgestattet, die Trockenheit gut vertragen und nicht so oft gegossen werden müssen. Viele davon sind Sukkulenten, die in ihren Blättern, Stängeln und Wurzeln Wasser speichern können. Bei einigen handelt es sich um Stauden, die mehrere Jahre alt werden; ihre oberirdischen Teile sterben im Herbst ab, doch im folgenden Frühling treiben sie wieder aus. Sie sind zwar sonnenhungrig, brauchen aber ab und zu einen Schluck Wasser. Es lohnt sich unbedingt, das Substrat in den Kübeln mit einer Schicht Kies oder Splitt abzudecken, um die Verdunstung – und damit die Gießarbeit – zu reduzieren.

Buchsbaum – Geheimtipp für faule Gärtner

Die immergrünen Sträucher sind winterhart und sehen rund ums Jahr gut aus. Sie können die Pflanzen in Form schneiden, etwa als Kugel, Kegel oder Pyramide. Wer weniger Geduld hat, kann solche Formschnittsträucher auch kaufen. Buchsbaum ist langlebig und macht wenig Arbeit, weil er nur alle zwei bis drei Jahre umgetopft werden muss. Gelegentlich sollten Sie ihn aber mit einer Handschere oder einer kleinen Akku-Strauchschere stutzen, damit er schön in Form bleibt.

Buchsbaum-Kugeln

SCHNELLE ERFOLGE Wer einen Balkongarten dieses Typs anlegen möchte, sollte Jungpflanzen im Gartencenter oder in der Gärtnerei kaufen, statt sie aus Samen selbst heranzuziehen. Ich kaufe fast nur Jungpflanzen, weil sie auch einen guten Eindruck davon vermitteln, wie die „fertige" Bepflanzung im eigenen Minigarten aussehen wird.

Dachwurz

Fetthenne & Blauschwingel

Trockenheitstolerante Sukkulenten

See-Mannstreu/Stranddistel

Tipps für faule Gärtner

• Streichen Sie Betonwände weiß, dann ist nicht so häufig ein neuer Anstrich nötig. Außerdem lassen weiße Wände den Garten heller, größer und freundlicher wirken.

• Holzdecks brauchen etwas Pflege. Hämmern Sie hervortretende Nägel wieder ein, befestigen Sie lose Bretter, schleifen Sie abgesplitterte Stellen glatt und achten Sie auf Anzeichen von Schimmel oder Holzfäule. Zur Reinigung wird das Holz einfach mit einer Mischung aus warmem Wasser und Flüssigwaschmittel abgeschrubbt.

• Klappen Sie den Sonnenschirm über Winter zusammen. Mit einer speziellen Hülle kann er draußen verstaut werden, ohne viel Platz einzunehmen.

Für eine immergrüne Bepflanzung empfiehlt sich die klassische Kombination aus Sträuchern und Blattgewächsen, dazu vielleicht schwärzlich-violetter Schiefersplitt als Mulch. Solche Pflanzen tragen ganzjährig grüne oder panaschierte Blätter, was gerade in der Stadt in den tristen Wintermonaten ein willkommener Anblick ist. Außerdem passen zwergwüchsige Kiefern und akkurat beschnittener Buchsbaum durch ihre klaren Formen sehr gut in ein modernes Ambiente.

IMMERGRÜN BEPFLANZTE KÄSTEN

DIE PFLANZEN

Zwergwüchsige Kiefer

Lavendel

Rosa blühender Zwerg-Rhododendron

Rote Skimmie

Schneebeere (*Symphoricarpos albus*) oder Scheinbeere (*Gaultheria mucronata*)

Buchsbaum-Kegel

Panaschierter Efeu

Weißes Heidekraut

Ein immergrüner Garten kann rund ums Jahr einen schönen Hintergrund abgeben, vor dem sich saisonale Farbtupfer abwechseln: Beeren im Winter, Zwiebelblüher im Frühling und Blüten im Sommer. Die Auswahl interessanter Immergrüner ist groß. Buchsbaum und zwergwüchsige Kiefern gehören zu den Klassikern, aber auch Lavendel behält sein silbriges Laub über Winter und bildet einen edlen Rahmen für kurzlebigere Blumen. Vor allem im Winter sehnt man sich nach Farbe im Garten. Darum ist es ratsam, einige Pflanzen auszusuchen, die zu diesen Immergrünen gut passen. Für den silbrigen Blumenkasten auf dem Foto gegenüber habe ich hübschen Zwerg-Rhododendron mit rosa Blüten, Buchsbaumkegel und Lavendel kombiniert. Der schwarze Kasten ist mit Skimmien mit pinkfarbenen Beeren, weißer Heide und Schneebeere mit blütenweißen Früchten bepflanzt.

Wenn Sie einen immergrünen Garten planen und über die optimale Platzierung von Kästen nachdenken, achten Sie darauf, wohin die Sonne scheint. Ostwände bekommen viel Morgensonne, während Westwände hauptsächlich nachmittags und abends in der Sonne liegen. Immergrüne Pflanzen brauchen einen hellen Standort, damit sie gut in Farbe bleiben. Wenn sie im Schatten stehen, geht mit der Leuchtkraft des Grüns ihr ganzer Reiz verloren.

Schneebeere

Rosa Skimmie, weiße Heide & Zwergkiefern

Panaschierter Efeu

Das Gärtnern muss nicht unbedingt eine einsame Beschäftigung sein. Immer öfter werden auf den Dächern größerer Wohnblocks pflegeleichte Dachgärten angelegt, in denen sich die Nachbarn treffen. Ein paar Pflanzen hier und da genügen schon für eine nette Atmosphäre, aber viel schöner wird der Außenbereich, wenn alle gemeinsam einen Garten daraus machen.

GEMEINSCHAFTSGÄRTEN

DIE PFLANZEN

Verschiedene Stauden (z.B. Funkien, Purpurglöckchen, Iris, Tränendes Herz und Pfingstrosen)

Verschiedene Salatgemüse (z.B. Kopf- und Schnittsalat-Sorten)

Küchenkräuter (z.B. Basilikum, Koriander, Dill, Petersilie und Rucola)

Verschiedenes Gemüse (z.B. Kartoffeln, Tomaten und Zucchini)

Die Entstehung von Gemeinschaftsgärten ist eine Reaktion auf den Mangel an Grünflächen in vielen Städten. Ganz nebenbei verbessern sie auch den Kontakt innerhalb der Nachbarschaft, der in Städten oft spärlich ist. Natürlich soll die Bepflanzung den Wünschen aller Benutzer gerecht werden. Ich würde den Bereich in einen Zier- und einen Nutzgarten unterteilen, damit die Menschen Raum zum Entspannen und Plaudern, aber auch zum Anpflanzen von frischem Gemüse haben.

Kunstrasen
Wenn der Gemeinschaftsbereich mit einem ramponierten Holzboden ausgelegt ist, könnten Sie und Ihre Nachbarn ihn einfach mit Kunstrasen abdecken. Heute gibt es Naturrasen sehr ähnliche Rasen (sogar mit Flecken von »vergilbtem« Gras). Auch Kinder können auf dem eigenen Rasen großartig spielen. Kunstrasen hat den Vorteil, dass er weder Wasser noch Dünger braucht, nicht gemäht werden muss und durchschnittlich 8 bis 10 Jahre hält.

Geselligkeit
Nach der gemeinsamen Arbeit können Sie im Nachbarschaftsgarten gemütlich zusammensitzen. Dabei entstehen oft nette Freundschaften. Ideal ist es, wenn genug Geld für einen Sitzbereich mit einigen Tischen zur Verfügung steht, der für gemeinsame Grillabende und Feiern gern genutzt wird. Klappmöbel sind hierfür die beste Wahl, weil der Platz zu anderen Gelegenheiten vielleicht auch anderweitig gebraucht wird.

STAUDEN Für den Ziergarten habe ich krankheitsresistente Stauden ausgesucht, die fast alle Standortbedingungen und auch etwas Frost vertragen. Die meisten Stauden eignen sich bestens für Menschen mit wenig Zeit, weil sie kaum Pflege verlangen.

Stadtoasen

Kunstrasen richtig pflegen

• Die meisten Hersteller empfehlen, Kunstrasen nach dem Verlegen einige Male zu harken, damit sich die Fasern aufrichten.

• Im Lauf des Jahres Laub und andere Verunreinigungen abrechen.

• Den Kunstrasen regelmäßig aufbürsten, damit er sich nicht verdichtet. Immer in derselben Richtung bürsten.

• Flecken mit warmem Wasser und einem milden Reinigungsmittel entfernen. Ansonsten hält der Regen den Kunstrasen sauber. Er fließt von selbst ab, ebenso wie Tauwasser von Schnee.

• Bei längerer Trockenheit den Kunstrasen mit dem Gartenschlauch besprengen.

Kunstrasen

Basilikum

Verschiedene Schnittsalate

Glattblättrige Petersilie

Ein Nutzgarten für alle

Ich finde es absolut lohnenswert, ein bisschen Gemüse selbst anzubauen. Und auch im winzigen Stadtgarten ist das zum Glück heute möglich. Statt allein zu werkeln, schließen sich viele Amateurgärtner mit gleichgesinnten Freunden und Nachbarn zusammen, um einen gemeinsamen Nutzgarten zu pflegen. Das ist eine wunderbare Möglichkeit, um den Gemeinschaftssinn zu stärken, sich gesund zu ernähren, die Kohlenstoffbelastung der Umwelt zu verringern und auch noch Geld zu sparen. Ich finde, dass in einen Gemeinschaftsgarten unbedingt Gemüse gehört – vor allem, wenn man im Spätsommer ein gemeinsames Grillfest plant.

Aus diesem Grund habe ich in diesem Dachgarten einen kleinen Bereich für Kräuter und Gemüse reserviert. Kann es etwas Schöneres geben, als im Sommer reife Tomaten und Zucchini tagesfrisch zu ernten? Salat und anderes Blattgemüse ist ähnlich unkompliziert und muss regelmäßig geerntet werden, damit es nicht verfrüht in Saat schießt. Im Gemeinschaftsgarten sind solche Zutaten topfrisch zur Hand, wann immer jemand auf die Schnelle etwas Gesundes auf den Tisch bringen will.

Außerdem ist es einfach ein tolles Gefühl, wenn Sie leckere Gerichte mit Zutaten aus eigener Ernte servieren oder gemeinsam mit anderen genießen.

Pflanztipps für den Gemeinschafts-Nutzgarten

- Zucchini sind ideal für den Gemeinschaftsgarten. Sie wachsen schnell, sind unkompliziert und brauchen wenig Wasser. Auch die Blüten sind essbar.

- Ebenso sind Tomaten sehr zu empfehlen. Für Einsteiger eignen sich zum Beispiel Sorten wie 'Gardener's Delight' (Kirschtomate), 'Picolino F1' (Cocktailtomate), 'San Marzano Lungo' (Roma-Tomate), 'Costoluto Fiorentino'/ 'Schwarze Krim' (Fleischtomaten).

- Basilikum ist ein guter Nachbar für Tomaten. Es vertreibt Schädlinge wie die Weiße Fliege – und natürlich gehören die beiden in vielen mediterranen Gerichten zusammen.

Gemeinschaftsgärten

Für mich ist ein Ausflug in einen großen Garten auf dem Land jedes Mal eine kleine Flucht aus der Stadthektik. Oft brauche ich aber eine Entspannungspause und habe keinen ganzen Nachmittag Zeit für einen Ausflug. Weil es vielen Stadtbewohnern so geht, habe ich einen Country-Garten für die Stadt entworfen, der den Charme eines englischen Landhausgartens einfängt. Ideal für einen kurze Kaffee- oder Teepause oder um einen langen Sonntagnachmittag mit einem guten Buch zu genießen.

DER COUNTRY-GARTEN

Ein Sommernachmittag auf dem Land – da denkt man an saftige Wiesen, Wildblumen und schöne, ruhige Wälder. Eine kleine Portion dieser ungemein erholsamen Stimmung lässt sich auch in einem Balkongarten umsetzen. Ich glaube, dass gerade dieser Gartenstil aus jedem Stadtbalkon eine wunderbare Entspannungsoase macht. Und selbst der Blick aus der Wohnung auf den kleinen Country-Garten ist schon eine Freude.

Für das Arrangement auf der gegenüberliegenden Seite habe ich eine klassisch-romantische Kombination aus Sträuchern und farbigen Blumen gewählt, außerdem verschiedene Pflanzbehälter und Gewächse in unterschiedlichen Höhen. Ein solcher »Garten« lässt sich jederzeit leicht umstellen, wenn Atmosphäre oder Anblick verändert werden sollen.

DIE PFLANZEN

Dies sind nur einige Vorschläge für den Mini-Garten in englischen Stil:

Anemonen
Azaleen
Katzenminze
Küchenkräuter
Rittersporn
Echter Lavendel
Lorbeer-Hochstämmchen
Farne
Fingerhut
Fuchsien
Artischocken
Hortensien
Flieder
Lilien
Lupinen
Ringelblumen
Zwergrosen
Passionsblumen
Rosmarin
Löwenmäulchen
Astilben
Duftwicken
Blauregen im Kübel

Klassische Country-Pflanzen

In einem englischen Country-Garten finden sich formale und zwanglose Pflanzungen. Meine Gestaltung orientiert sich an der natürlichen Landschaft, wurde aber auf einen kleinen Stadtgarten oder Balkon zugeschnitten. Schon mit wenigen Kübeln oder Kästen lässt sich viel erreichen, denn Wildblumen, Zwergrosen und dekorative Sträucher sorgen fast von allein für ländliche Atmosphäre. Diese Pflanzen sind größtenteils unkompliziert. Sie brauchen regelmäßig Wasser, ansonsten aber kaum Pflege. Als Eyecatcher habe ich Fingerhut ausgesucht. Er braucht durchlässiges Substrat und sollte, bis er in seinen Gefäßen angewachsen ist, in der Sonne stehen. Auch Artischocken eignen sich gut als Blickfang. Zierliche Anemonen gedeihen gut in Kübeln mit feuchtem, aber durchlässigem Substrat. Eine schöne Ergänzung sind Ringelblumen, Flieder und Duftwicken, die nützliche Insekten anlocken. Als grüne Hintergrundbepflanzung bieten sich Farne an, die auch mit Schattenplätzen zufrieden sind.

Rittersporn

Zwergrose

Lavendel und Azaleen

Gestalten Sie Ihr Country-Idyll

Der englische Country-Stil ist nostalgisch; er erinnert an die Zeit des Afternoon Tea, an Musikpavillons und Cricket-Matches. Für mich ist er der Inbegriff der englischen Landschaft, einerseits lässig und rustikal, andererseits auf elegante Weise zwanglos und charmant. Passend zu den klassischen Country-Garten-Pflanzen habe ich gedämpfte Farben und Pastelltöne für Wände, Möbel und Pflanzgefäße gewählt. Allerlei neue und alte Accessoires mit ländlichem Charme runden das Bild ab. Bistrostühle, Tische aus verblichenem Eichenholz und farbig gestrichene Möbelstücke passen gut zu diesem Look. Kissen und Decken mit femininen Mustern in freundlichen Farben sorgen dafür, dass man bequem sitzt. Neben englischem Chintz und klassischen Streifen wirken auch Naturfaserstoffe wie Leinen sehr stimmig. Vielleicht finden Sie einen nostalgischen Holzstuhl, eine ramponierte Zink-Gießkanne oder ein schönes Blumenkissen? Sie könnten auch ein Außenthermometer anbringen, eine Vogeltränke aufstellen oder einen kleinen Wandbrunnen installieren.

Country-Charme für den Balkon

- Laden Sie Tiere ein, zum Beispiel mit einem rustikalen Nistkasten oder einer hübschen Vogeltränke.

- Suchen Sie Möbel mit ländlichem Charme aus.

- Wimpel und Stofflampions verbreiten eine Stimmung wie auf einem englischen Dorffest.

- Mixen Sie Pflanzgefäße. Ich verwende für den Country-Stil gern traditionelle Materialien wie Terrakotta, alte Behälter aus Zink oder gehämmertem Metall und Weidenkörbe.

Rosmarin

Wer in einer Großstadt zwischen Hochhäusern und Bürogebäuden wohnt, bekommt selten Tiere zu Gesicht – mal abgesehen von Großstadttauben. Dem lässt sich aber leicht abhelfen. Bepflanzen Sie einfach die Kästen auf Ihrem Balkon oder Dachgarten mit Pflanzen, die bei Bienen und Schmetterlingen hoch im Kurs stehen.

FÜR FLIEGENDE BESUCHER

Es ist ein Vergnügen, einem Schmetterling zuzuschauen, der von Blüte zu Blüte flattert. Auch aus ökologischen Gründen ist es sinnvoll, etwas für den Erhalt der Schmetterlinge zu tun. Im Lauf der Zeit sind vor allem in den Städten viele ihrer natürlichen Lebensräume verloren gegangen. Ein Schmetterlingsgarten trägt dazu bei, dass wir uns auch noch in den nächsten Jahren an ihnen freuen können. Kinder beobachten Schmetterlinge ebenfalls sehr und entwickeln dabei mehr Interesse an der Natur.

Mit Blumen wie Lavendel, Ringelblumen und Schnittknoblauch lässt sich auch in der Großstadt ein Garten für Schmetterlinge schaffen. Wichtig ist, dass die Pflanzen im Hoch- bis Spätsommer blühen, wenn die Falter besonders aktiv sind. Geradezu magnetische Anziehungskraft hat der Schmetterlingsflieder, von dem es auch kleinwüchsige Sorten speziell für die Pflanzung in Kübeln oder Töpfen gibt. Es kostet nur etwas Überlegung, um Schmetterlinge in den Balkongarten einzuladen.

Blümchen für Bienchen

Wenn Sie außer Schmetterlingen auch Bienen anlocken möchten, sollten Sie wissen, dass verschiedene Bienenarten auf unterschiedliche Pflanzen fliegen. Lavendel scheint aber bei vielen hoch im Kurs zu stehen, denn auf diesen Sträuchern herrscht im Sommer meist großes Summen. Bienen siedeln sich zwar in ruhigen Ecken an, aber Sie können auch »Bienenhotels« kaufen, die an einer Wand oder einem Spalier befestigt werden.

Ein Heim für Schmetterlingsfamilien

Wenn Sie eine ganze Schmetterlingsfamilie einladen möchten, pflanzen Sie Sonnenblumen oder andere Wirtspflanzen, auf denen die Schmetterlinge ihre Eier ablegen und die später den Raupen als Nahrung dienen. Sie sollten aber mit einigen Fraßschäden an den Wirtspflanzen rechnen!

DIE PFLANZEN

Dies ist nur eine Auswahl an Pflanzen, mit denen sich Schmetterlinge und Bienen anlocken lassen:

Für Schmetterlinge

Lauchgewächse, vor allem Schnittknoblauch

Schmetterlingsflieder

Sonnenhut

Ringelblumen

Lavendel

Sonnenblumen

Für Bienen

Borretsch

Katzenminze

Kornblumen

Heidekraut

Skabiose

See-Mannstreu/ Stranddistel

Eselsdistel

Eselsdistel

BIENENHALTUNG Immer mehr Imker halten Bienen in großen Städten. Selbst im Londoner Regents Park stehen Bienenstöcke. Ihr Honig soll aromatischer schmecken, weil die Bienen in Städten eine größere Vielfalt an Pflanzen vorfinden als auf dem Land. Da der Honig Spuren der einheimischen Pollen enthält (die ein Allergen sind), kann er sich für Heuschnupfenpatienten positiv auswirken, weil er das Immunsystem stärkt.

55
Für fliegende Besucher

Aus einem Blumenkasten direkt vor einem offenen Fenster kann herrlicher Duft in die Wohnung wehen. Frischer Sommerwind trägt die zarten Düfte von Blumen und Kräutern durch alle Räume. Stellen Sie einfach eine Komposition Ihrer Lieblingsdüfte zusammen – so einfach kann natürliche Aromatherapie sein.

DUFTENDE BLUMENKÄSTEN

DIE PFLANZEN

Steinkraut (*Alyssum*)

Eukalyptus

Gardenie

Kräuter (z.B. Minze, Rosmarin, Zitronenthymian)

Jasmin

Lavendel

Kapuzinerkresse

Passionsblume

Duftblattpelargonien

Rosen

Veilchen

Kerzen und Räucherstäbchen verbreiten ihren Duft in Wohnräumen, aber sie können sich nicht mit dem herrlichen Duft von Blumen und Kräutern messen. Duftpflanzen bieten zahllose Möglichkeiten zum Experimentieren. Sie könnten beispielsweise duftende Blumenkästen für verschiedene Räume der Wohnung bepflanzen – vielleicht einen Kasten mit Würzkräutern am Küchenfenster und einen mit Lavendel vor dem Schlafzimmer.

Sie haben die Wahl

Zu den Duftpflanzen, die auch in Blumenkästen gut gedeihen, gehören Lavendel, Jasmin, Gardenien, Kapuzinerkresse und Steinkraut. Alle duften wunderbar und vertragen sich gut mit anderen Pflanzen. Ein schöner Nachbar ist Eukalyptus, der im Aussehen mit den blühenden Pflanzen kontrastiert, aber andere Düfte oft verstärkt. Als Blickfang sind auch Duftblattpelargonien eine gute Wahl.

Kräuter gedeihen prächtig in Blumenkästen und duften wunderbar frisch, vor allem nach einem Sommerregen. Noch intensiver ist der Duft, wenn man mit den Fingern über die Blätter reibt. Verwenden Sie die Kräuter in der Küche oder, sparsam dosiert, als Heilmittel bei kleineren Beschwerden.

Düfte und Emotionen

Viele Pflanzen wecken durch ihren Duft Assoziationen an besondere Ereignisse oder bestimmte Menschen. Lavendel beispielsweise könnte an eine alte Lieblingstante oder einen Urlaub in Frankreich erinnern, Jasmin an ein exklusives Parfüm oder Rosmarin an ein Lieblingsgericht. Wer möchte, kann die Duftpflanzen auch wegen ihrer therapeutischen Wirkung aussuchen, vielleicht beruhigenden Lavendel, anregenden Zitronenthymian oder Minze zur Erfrischung von Geist und Seele.

Veilchen & Thymian

Passionsblume & Lavendel

FÜR KINDER Ein Terrariengarten ist eine tolle Möglichkeit, um die Gartenneugier von Kindern zu wecken. Im überschaubaren, pflegeleichten Glashäuschen können sie experimentieren und eine Menge lernen. Sie können Schätze aus dem Wald mitbringen, Pflanzen aus Samen heranziehen oder eine kleine Fantasiewelt mit bunten Töpfen und Spielfiguren erschaffen. Am schönsten ist es natürlich, wenn sie das Terrarium vom Kinderzimmerfenster aus sehen können.

Terrariengärten waren im viktorianischen England im frühen 20. Jahrhundert groß in Mode. Viele Leute stellten solche Mini-Gewächshäuser in ihrer Wohnung auf. Seit einigen Jahren erleben die Terrariengärten eine Renaissance, allerdings sucht man jetzt nach neuen und originellen Methoden, um Pflanzen in dieser geschützten Umgebung zu halten.

GARTEN UNTER GLAS

DIE PFLANZEN

Ins große Terrarium auf dem Foto gegenüber habe ich kleine Tontöpfe mit panaschierter *Fittonia* und *Nertera* gestellt. Gute Alternativen sind:

Zwerg-Hortensien

Farne und Moose

Kleine Kakteen

Frühlingsblüher (z.B. Schlüsselblumen und Veilchen)

Die Terrariengärten der Vergangenheit waren meist sogenannte Wardsche Kästen, die wie kleine, kunstvoll gearbeitete Gewächshäuser aussahen. Sie können natürlich auch andere Gefäße verwenden. Traditionelle Glasglocken für den Garten sind beliebt, ebenso gut eignet sich aber ein großes Vorratsglas, eine dekorative Vase oder sogar ein Cocktailglas. Stellen Sie Ihr Terrarium an einen Platz mit relativ gleichmäßiger Temperatur und indirektem Sonnenlicht.

Zu den Pflanzen, die im Terrarium gut gedeihen und leicht zu pflegen sind, gehören Farne, Kakteen, Moose und verschiedene Zimmerpflanzen. Besonders interessant sieht eine Mischung von Pflanzen in verschiedenen Größen aus – hoch-aufrechte und kleinere, kriechende. Sie können die Pflanzen in einzelne Tontöpfe setzen und unter das Glasdach stellen. Viele Pflanzen gedeihen gut in einem komplett geschlossenen Glasbehälter. Sie brauchen nur wenig Fürsorge, weil das verdunstende Wasser an den Glaswänden des Minigewächshauses kondensiert.

Ein geschlossenes Terrarium bepflanzen

1 Vor der Bepflanzung das Terrarium gründlich reinigen, um Pilzkrankheiten vorzubeugen, die in dem feucht-warmen Milieu leicht auftreten können.

Mini-Hortensie

Schlüsselblume & Veilchen

2 Denken Sie unbedingt an die Dränageschicht. Mischen Sie etwas Holzkohle unter das Substrat, um es frisch zu halten. Leichte Substrate mit gutem Wasserhaltevermögen eignen sich am besten.

3 Die Pflanzen vor dem Einsetzen gut wässern. Lassen Sie ihnen ausreichend Platz zum Wachsen.

4 Moos oder Kiesel in die Lücken legen. Das sieht hübsch aus und hält das Substrat feucht. Wenn die Pflanzen angewachsen sind, müssen sie im geschlossenen Terrarium nur selten gegossen werden.

Sanft plätscherndes Wasser ist eine Bereicherung für jeden Garten und lädt allerlei Tiere auf einen Besuch ein. Sie brauchen dafür gar keinen großen Garten mit einem stattlichen Teich. Selbst auf kleinem Raum lässt sich mit etwas Fantasie ein interessanter Wassergarten schaffen.

WASSERGÄRTEN

Wasserhyazinthe & Simse

In einem kleinen Wassergarten kann man die vielen verschiedenen Wasserpflanzen ganz aus der Nähe betrachten. Dekorative Gefäße eignen sich zur Anlage eines Mini-Teichs für den Balkon oder Dachgarten. Etwas größer als eine Teetasse sollte es schon sein, aber ein alter Waschzuber genügt vollkommen. Hauptsache, das Gefäß ist wasserdicht.

Das Gefäß vorbereiten
Wenn Ihr Gefäß Dränagelöcher hat, müssen sie sorgfältig mit Korken verschlossen werden. Gefäße aus Holz oder einem porösen Material legen Sie am besten mit einer stabilen Plastikfolie aus. Sie verhindert auch, dass beispielsweise Holzschutzmittel ins Wasser gelangen. Terrakottakübel sollten Sie von innen mit Lack versiegeln, damit kein Wasser durch die Poren des Materials verdunstet. Eine Schicht Kies auf den Pflanztöpfen verhindert, dass das Substrat das Wasser trübt.

Die richtigen Pflanzen
Ich rate davon ab, zu viele Pflanzen in ein Gefäß zu setzen. Fangen Sie lieber sparsam an, vielleicht mit schlanken Iris und Miniatur-Seerosen, die es in schönen Farben gibt. Schwimmpflanzen wie Wassersalat und Wasserhyazinthe malen romantische Spiegelbilder auf das Wasser. Experimentierfreudige Balkongärtner werden an einem Wassergarten Spaß haben, weil man die Pflanzen leicht umgruppieren und neue Kombinationen ausprobieren kann.

DIE PFLANZEN

Für den Kübelteich eignen sich nur relativ wenige, dafür aber umso attraktivere Pflanzen.

Schwimmpflanzen (z.B. Wassersalat und Wasserhyazinthe)

Zwerg-Seerosen (z.B. 'Pygmaea Alba', 'Pygmaea Helvola' und 'Pygmaea Rubra')

Zypergras

Simse

Simse & Zypergras

ACHTUNG, FLIEGEN! Bei allem Charme hat ein Wassergarten auch einen Nachteil: Er lockt Fliegen und andere Insekten, vor allem Mücken an. Aus diesem Grund empfehle ich, ihn in eine Ecke des Dachgartens zu stellen, damit die fliegenden Plagegeister nicht im Handumdrehen die Wohnräume erobern.

Stadtoasen

Für Stadtbewohner mit Sehnsucht nach Strand und Meer liefert dieser Gartenentwurf alle wesentlichen Elemente – ganz ohne sich auf die Reise machen zu müssen. Gestalten Sie die Szenerie mit allerlei Dingen aus, die Sie ans Meer denken lassen, beispielsweise mit Muscheln oder verblichenem Treibholz.

STRANDGARTEN IM KÜBEL

SIE BRAUCHEN

Einen großen Kübel

Universalsubstrat

3 Küstenpflanzen (z.B. Blauschwingel und die polsterartig wachsenden Knäuel-Arten *Scleranthus biflorus* und *S. uniflorus*)

Feinen Sand (Spielsand für Kinder ist ideal)

Große Muschel

Koralle

Als Kind habe ich die Sommerferien oft an der Küste verbracht. Heute vermisse ich an heißen Sommertagen in der Stadt das Gefühl von Ruhe, das mich erfasst, wenn ich im warmen Wind am Strand entlangspaziere und dem Plätschern der flachen Wellen lausche. Zugegeben, dieser Kübel kann das nicht alles bieten, aber der Sand und die typischen Küstenpflanzen werden Erinnerungen wachrufen und Sie in entspannte Ferienstimmung versetzen.

Ausgestattet habe ich den Balkongarten mit einem klassischen Liegestuhl und allerlei Reisemitbringseln, die Strandflair verbreiten: Korallen, große Muscheln und Treibholz. Der Platz lädt zu Fantasiereisen ein. Sammeln Sie auf Ausflügen ans Meer Dinge, die Sie an diese schöne Zeit erinnern, und geben Sie ihnen einen Platz in Ihrem ganz privaten Strandgarten.

Ein Strandgarten holt die Ruhe und Entspannung eines Spaziergangs am Meer auf Ihren Balkon.

1 Den Kübel etwa zu drei Vierteln mit Substrat füllen.

2 Die Pflanzen aus den Töpfen nehmen, die Wurzeln etwas lockern und im Kübel anordnen. Bis 5 cm unter den Kübelrand Substrat auffüllen und rings um die Pflanzen gut andrücken. Großzügig gießen.

3 Den Kübel vorsichtig bis an den Rand mit Sand füllen. Muschel und Koralle zwischen den Pflanzen arrangieren.

4 Den Kübel an einen Sonnenplatz neben den Liegestuhl stellen – und abschalten!

Wenn Sie keinen Balkon haben und nicht einmal die Fenstersimse breit genug für Kästen sind, brauchen Sie auf Pflanzen trotzdem nicht zu verzichten. Selbst um die Haustür herum lässt sich auf kleinstem Raum ein bezaubernder und einladender Topfgarten gestalten.

DER HAUSTÜRGARTEN

DIE PFLANZEN

Sie haben die Wahl zwischen langlebigen Sträuchern und saisonalen Pflanzen wie Zwiebelblumen für Frühling und Herbst oder Einjährigen für den Sommer. Dies sind nur einige Anregungen:

Im Waschzuber

Rotblättriger Perückenstrauch

Panaschierte Strauchveronika

Hartriegel (hier *Cornus alba* 'Elegantissima')

Auf der Wandleiter

Alpenveilchen

Zwerg-Hortensie

Gräser

Dachwurz

In den Terrakottatöpfen

Lavendel

Rosmarin

Mit einigen Topfpflanzen wirkt jeder Eingangsbereich freundlicher und einladender. Selbst auf engem Raum lässt sich noch eine Wandleiter mit mehreren Etagen für Töpfe unterbringen. Durch die Ausnutzung der Höhe sparen Sie Platz und Besucher werden direkt auf Augenhöhe von schönen Pflanzen begrüßt. Auch der würzige Duft von Kräutern ist ein schöner Willkommensgruß für alle Ankömmlinge. Kompakte Lavendel- und Rosmarinsträucher gedeihen gut in Töpfen und brauchen wenig Pflege.

Verändern Sie die Dekoration des Eingangsbereichs im Lauf des Jahres. Zur Adventszeit könnten Sie einen Tannenkranz an die Tür hängen, im Sommer sehen zum Beispiel Lampions hübsch aus. Orientieren Sie sich aber an der Wohnungseinrichtung, indem Sie überlegen, ob Metall- oder Terrakottatöpfe besser zu Ihrem Wohnstil passen. Aus Sicherheitsgründen sollten Sie mit Accessoires im Eingangsbereich sparsam umgehen und schwere Dekorationen festschrauben.

Zur Beleuchtung bieten sich kleine Solarleuchten mit Erdspieß an, die man in die Pflanzgefäße stecken kann. Sie könnten auch kleine Leuchten auf die Eingangstreppe stellen, damit sie den Weg weisen und Ihre Blumen und Pflanzen ins rechte Licht setzen.

DER ERSTE EINDRUCK ZÄHLT Hässliche Zählerkästen oder Mülltonnen neben der Haustür können Sie anstreichen oder hinter schön bepflanzten und geschickt aufgestellten Töpfen und Kästen verstecken. Es empfiehlt sich aber, alle Gefäße auf Rolluntersetzer zu stellen, damit man sie bei Bedarf schnell zur Seite schieben kann.

Der Haustürgarten

KAPITEL 3

KREATIVES RECYCLING

Einen originellen Balkongarten anzulegen, muss nicht teuer sein. Es bieten sich viele Behälter zum kreativen Recycling an, von alten Blechdosen bis zu einer Holzpalette. Lösen Sie sich einfach vom vordergründigen Verwendungszweck und erklären Sie zum Pflanzbehälter, was gerade zur Hand ist. In Ihrem Kübel- oder Topfgarten bestimmen Sie allein, wie die Gefäße aussehen. Also halten Sie die Augen offen nach Dingen, die sich auf originelle Weise umfunktionieren lassen.

Chili mit gelben Früchten

Blechdosen von italienischem Olivenöl sind preiswerte und originelle Pflanzgefäße. Die kunterbunten Dosen sehen gerade in einem Stadtgarten toll aus. Ich setze gern Kräuter hinein, weil sie sowohl zur Dosengröße als auch zum »Thema« bestens passen.

OLIVENÖL-DOSEN

Im Kübel- oder Topfgarten dürfen Sie Ihrer Fantasie freien Lauf lassen. Beschränken Sie sich nicht auf das Angebot konventioneller Pflanzgefäße, sondern funktionieren Sie allerlei ungewöhnliche Behältnisse um. Dosen von Olivenöl, Tomaten und anderen Lebensmitteln sehen witzig aus, brauchen wenig Platz und kosten nichts. Sie verbreiten eine heitere, mediterrane Atmosphäre, und außerdem macht es Spaß, Basilikum für die Pastasauce aus der Olivenöl-Dose auf dem Balkon zu ernten. Fragen Sie in italienischen Restaurants oder Feinkostgeschäften nach großen, leeren Dosen. »Meine« Pizzeria um die Ecke hat mir eine Menge leerer Dosen überlassen und bewahrt mir manchmal sogar welche auf. Natürlich können Sie auch eine gefüllte Dose kaufen und den Inhalt in andere Flaschen umfüllen. Dann müssen Sie aber ein echten Fan von Olivenöl sein, denn die Dosen sind ziemlich groß.

Eine Dose bepflanzen

Wie jedes andere Pflanzgefäß muss auch die Dose zuerst Abzugslöcher bekommen. Das lässt sich leicht mit einem dicken Nagel und einem Hammer bewerkstelligen. Füllen Sie dann eine Schicht Styroporchips oder Steinchen in die Dose, damit überschüssiges Gießwasser abfließen kann. Dann wird die Dose mit einem guten Universalsubstrat gefüllt. Für Dosen dieses Formats empfehle ich Chili, Radieschen, Basilikum oder Petersilie. Ich ziehe gern Chili, weil er viele hübsche Früchte trägt, die auch als kleines Mitbringsel immer sehr willkommen sind. Natürlich können Sie auch Blumen in die Dosen pflanzen – am besten in Farben, die zu denen des Aufdrucks passen.

Chili mit Früchten in Rot und Orange

SIE BRAUCHEN

Olivenöl-Dose

Styroporchips, Tonscherben oder Kiesel

Universalsubstrat

Kräuter und Gemüse (z.B. Basilikum, Chili, Petersilie und Radieschen)

Blumen in leuchtenden Farben (z.B. Kokardenblume)

NICHT AUSTROCKNEN LASSEN Wie alle Kübel- und Topfpflanzen müssen auch Gewächse in Dosen regelmäßig gegossen werden, sonst droht Stress durch Wassermangel. Gewöhnen Sie sich an, zu prüfen, ob sich das Substrat in der Dose noch feucht anfühlt. Wenn die Blätter beginnen, welk auszusehen, ist es allerhöchste Zeit für eine gute Portion Wasser.

Kreatives Recycling

Wer gern einmal etwas selbst anbauen möchte, sollte mit Kräutern beginnen. Sie sind pflegeleicht und außerdem sieht man schnell Ergebnisse. Ein Miniaturgarten in der Holzkiste, in dem die verschiedenen Farben der Blätter gut zur Geltung kommen, ist eine hübsche Dekoration für Balkon oder Terrasse. Im Sommer stehe ich besonders gern auf dem Balkon und atme einfach den Duft ein, der von ihnen aufsteigt.

KRÄUTERGARTEN IN DER WEINKISTE

STETS ZUR HAND Es ist doch wunderbar, wenn sich das Ästhetische mit dem Praktischen vereinbaren lässt – und genau das schafft ein Kräutergarten. Für diesen attraktiven, duftenden Garten habe ich ganz bewusst Kräuter mit verschiedenen Blattformen und -farben zusammengestellt. Ich mag es einfach, wenn ich so viele leckere, würzige Kräuter für alle meine Lieblingsgerichte jederzeit zur Hand habe.

SIE BRAUCHEN

Weinkiste aus Holz

Styroporchips, Tonscherben oder Kiesel

Universalsubstrat

Schnittlauch

Gelbblättriger Majoran

Zitronenthymian

Minze

Rosmarin

Salbei (z.B. *Salvia officinalis* 'Tricolor' mit violett und weiß panaschierten Blättern)

Thymian (z.B. *Thymus vulgaris* 'Silver Poesie' mit silbrigen Blättern)

Diesen hübschen Mini-Garten können Sie in einer alten Holzkiste oder einer anderen Box mit höherem Rand anlegen – ein praktischer und preiswerter Pflanzkasten. Damit die Kräuter gut gedeihen, muss der Kasten richtig vorbereitet werden. Viele haben Schlitze im Boden – ideal für die Dränage. In einen geschlossenen Boden müssen Sie einige Löcher bohren, damit überschüssiges Gießwasser gut abfließen kann. Weil Kräuter sehr durchlässigen Boden bevorzugen, sollten Sie das Pflanzsubstrat mit etwas Sand mischen, ehe Sie die Kräuter hineinpflanzen. Es empfiehlt sich auch, die Kiste mit Gartenvlies auszulegen, damit das Substrat nicht herauskrümelt.

Die Kräuter pflanzen

Pflanzen Sie die Kräuter in ordentlichen Reihen in den Kasten, damit alle genug Platz zum Wachsen haben. Arbeiten Sie sich von hinten nach vorn vor. Für meinen Kasten habe ich diese Anordnung gewählt:

Hintere Reihe: Minze, Rosmarin und gelbblättriger Majoran
Mitte: Schnittlauch
Vorn: Silbriger Thymian, violett und weiß panaschierter Salbei, Zitronenthymian
Extras: Als Farbtupfer könnten Sie einige Veilchen zwischen die Kräuter setzen. Die Blüten sind essbar und sehen in Salaten toll aus.

Der richtige Platz

Weil Kräuter es gern sonnig haben, sollten Sie den Kasten in die Sonne stellen. Schnittlauch und Petersilie kommen mit etwas Schatten zurecht und wachsen auch bei kühler Witterung.

71
Kräutergarten in der Weinkiste

Es macht mir viel Spaß, nach alten Behältnissen wie zum Beispiel diese Obstkiste für meinen Balkon zu suchen. Sie sind einzigartige und originelle Pflanzkästen. Selbst wenn Sie nicht in einem alten Haus wohnen, stehen solche Behalter mit Vintage-Charme Ihren Pflanzen gut zu Gesicht und konnen Anstöße für die weitere Gartengestaltung geben.

EINE KISTE SALAT

SIE BRAUCHEN

Eine alte Obstkiste

Styroporchips, Tonscherben oder Kiesel

Universalsubstrat

Gartenvlies oder Unkrautfolie

Saat oder Jungpflanzen für grünen Kopfsalat (z.B. 'Tom Thumb' oder 'All-Year-Round')

Saat oder Jungpflanzen für Schnittsalat (z.B. 'Red Salad Bowl')

Saat oder Jungpflanzen für wilde Rauke

Für diesen Salatgarten habe ich eine alte Obstkiste benutzt, die mich an ausgedehnte, entspannte Abendmahlzeiten im Freien erinnert. Es ist schon etwas Besonderes, mitten in der Stadt taufrischen Salat zu ernten. Auch die Anordnung der unterschiedlichen Salatsorten in akkuraten Reihen, geordnet nach Blattfarben und -formen, hat Charme. Sie werden feststellen, dass die eckige Form der Kiste Ihnen die Auswahl der Sorten und die Anordnung der Reihen leichter macht.

Obstkisten haben Schlitze im Boden. Damit das Pflanzsubstrat nicht herausfällt, müssen Sie die Kiste zuerst mit einem Gartenvlies oder einer perforierten Unkrautfolie auskleiden. Diese Materialien lassen Wasser durch und sind in gut sortierten Gartencentern preiswert zu bekommen.

Die Salatkiste bepflanzen

Ich habe Salatsorten mit verschiedenfarbigen Blättern ausgesucht. Das sieht nicht nur dekorativ aus, sondern sorgt auch geschmacklich für Abwechslung. Am einfachsten ist es, Jungpflanzen zu kaufen und einzupflanzen. Sie können Salat aber auch von Frühling bis Sommer säen. Wie es gemacht wird, ist auf der Rückseite jeder Samentüte erklärt. Ordnen Sie die Samen oder Jungpflanzen in akkuraten Reihen farblich abwechselnd an. In meinem Kasten ist Platz für fünf Reihen, von links nach rechts: 'Red-Salad-Bowl'-Schnittsalat, grüner Kopfsalat, wilde Rauke, grüner Kopfsalat und wieder 'Red-Salad-Bowl'-Schnittsalat.

Der beste Platz

Stellen Sie die Salatkiste an einen Platz, an dem sie keine pralle Mittagssonne abbekommt. Sonst besteht Gefahr, dass die Pflanzen in Saat schießen und einen bitteren Beigeschmack bekommen.

SCHNITTSALAT Wenn Sie den Salat selbst aussäen, können Sie den ganzen Kasten mit solchen Sorten füllen, die nach der Ernte neue Blätter bilden. Am besten säen Sie jede Woche nur eine kleine Menge, sonst reifen zu viele Pflanzen gleichzeitig. Die Blätter nicht abpflücken, sondern etwa 3 cm über dem Boden mit einer Schere abschneiden.

Kreatives Recycling

Alpine Pflanzen sind im Hochgebirge der Schweiz, Österreichs, Teilen Italiens, Frankreichs und Deutschlands heimisch. Mit ihnen verbinde ich schöne Erinnerungen an die Schulferien meiner Kindheit. Die zarten Pflanzen haben oft Blüten in Pastellfarben, und ihre verschiedenen Grüntöne sind eine willkommene Bereicherung für jeden kleinen Garten.

STEINGARTEN IN DER METALLKISTE

SIE BRAUCHEN

Metallkiste mit Löchern im Boden

Styroporchips, Tonscherben oder Kiesel

Universalsubstrat

Alpine Pflanzen (z.B. Sonnenröschen in Orange und Reiherschnabel in Rosa)

Saubere weiße Kiesel

Alpine Pflanzen gedeihen gut in Kübeln oder Töpfen, weil sie ein kleines Wurzelwerk haben und nicht sehr groß werden. Sie kommen auch mit rauer Witterung gut zurecht, was gerade in windigen Balkongärten ein großer Vorteil ist. Die meisten Arten sind langlebig, viele sind auch immergrün, sodass Sie sich das ganze Jahr über an Ihrem Miniaturgarten freuen können. Andere Sorten wie Thymian bedecken schnell die Gefäßoberfläche und duften herrlich. Ein paar Dinge sind bei der Kultur von alpinen Pflanzen zu bedenken, doch insgesamt kostet die Anlage eines langlebigen Steingartens im Kleinformat nur wenig Arbeit.

Alpine Pflanzen in Kübeln, Töpfen und Kästen

Wenn Sie alpine Pflanzen in Kübeln, Töpfen und Kästen setzen wollen, müssen Sie das Substrat sorgfältig aussuchen. Am besten eignet sich ein sehr lockeres Substrat mit einem hohen Anteil nährstoffreichen Laubkomposts. Schweres Substrat muss mit reichlich feinem Kies oder grobem Sand aufgelockert werden. Ich empfehle außerdem, das Substrat in den Gefäßen einmal jährlich auszutauschen. Im Winter brauchen Sie die alpinen Pflanzen nicht zu gießen, aber vom Frühling an müssen sie regelmäßig Wasser bekommen. Dieser kleine Kasten sieht sowohl in großen als auch in kleinen Gärten bezaubernd aus. alternativ können Sie auch einen Gabionenkorb verwenden, in den Sie einfach einen Topf mit einer alpinen Pflanze stellen und ringsherum mit Steinen auffüllen. Diese Körbe wirken durch ihre Geradlinigkeit sehr modern, mit der Füllung aus Steinen aber zugleich natürlich und ruhig.

1 Zuerst Löcher in den Boden des Kastens bohren oder stechen (siehe Seite 17), dann eine Schicht Styroporchips, Tonscherben oder Kiesel einfüllen.

2 Den Kasten zu drei Vierteln mit Substrat füllen. Die Pflanzen darauf stellen, eventuell verschiedene Anordnungen ausprobieren. Dann bis 4 cm unter dem Rand Substrat nachfüllen.

3 Zum Schluss eine Schicht weiße Kiesel auf der Oberfläche verteilen.

Kleine Glockenblume im Gabionenkorb

Kreatives Recycling

Wer auf wenig Raum gärtnert, kommt mit wenigen Töpfen und Kübeln aus. Mit ungewöhnlichen, zweckentfremdeten Gefäßen lassen sich außergewöhnliche Pflanzen auf dem Balkon oder der Dachterrasse besonders gut in Szene setzen. In ästhetischer Hinsicht sind diese Gefäße oft ebenso wichtig wie die Pflanzen, die sie beherbergen.

BLÜHENDER VOGELKÄFIG

SIE BRAUCHEN

Einen alten Vogelkäfig

Moos oder Kokosmatte

Universalsubstrat

Niedrige Glockenblume, z.B. die Karpaten-Glockenblume (*Campanula carpatica*)

Hängende Pflanze (z.B. Efeu)

Natürlich liegt es nahe, sich für den Balkon- oder Dachgarten bei den Terrakottagefäßen umzusehen. Es macht aber auch Spaß, nach ungewöhnlicheren Quartieren für die Pflanzen Ausschau zu halten. Mit besonderen Stücken wie diesem alten Vogelkäfig wird Ihr Garten gleich viel interessanter und bekommt einen ganz persönlichen Charme.

Sie können entweder bepflanzte Töpfe in den Käfig stellen oder ihn direkt bepflanzen. Wenn Sie sich für die zweite Möglichkeit entscheiden, behandeln Sie ihn einfach wie einen Ampelkorb: Legen Sie ihn mit Kokosmatten oder Moos aus, damit er schön ordentlich aussieht. Dann füllen Sie Substrat hinein und setzen die Pflanzen ein.

Der optimale Platz

Der Käfig sollte an einem gut erreichbaren Platz untergebracht werden, damit das regelmäßige Gießen keine unnötige Mühe macht. Denken Sie auch daran, dass die meisten Pflanzen Sonne brauchen, um gut zu gedeihen. Sie können den Käfig auf eine gerade Fläche stellen oder aufhängen. Verwenden Sie zur Aufhängung einen stabilen Haken oder Winkel, der sicher verschraubt ist.

Die passenden Pflanzen

Für einen hängenden Käfig sollten Sie Pflanzen aussuchen, die von unten einen schönen Anblick bieten. Ich finde Pflanzen mit überhängenden Blütentrieben am schönsten, etwa niedrige Glockenblumen oder Verbenen, die den ganzen Sommer lang blühen. Efeu eignet sich ebenfalls, und Erdbeeren sehen in einem Vogelkäfig ganz bezaubernd aus.

BLUMENKÄFIG IN DER WOHNUNG Statt den Käfig auf den Balkon zu stellen, können Sie ihn auch für die Wohnung verwenden. Dann sind Pflanzen ideal, die sich nicht zu breit machen. Ich würde *Asparagus*, Moosfarne oder fleischige Aloe empfehlen. Alle gedeihen gut in kleinen Töpfen.

Wenn Sie sehr wenig Platz haben und sich dennoch nach Grün sehnen, nutzen Sie die Höhe. Statt die Pflanzen auf konventionelle Weise in Kübel, Töpfe oder Kästen zu setzen, wachsen sie hier in einem vertikalen Garten. Diese Lösung bietet viel Spielraum für kreative Pflanzideen.

LEBENDE WAND

Grüne Wände finden immer mehr Zuspruch, weil die Menschen auf der Suche nach neuen, umweltfreundlichen und Platz sparenden Lösungen für Grünflächen sind. Die größte grüne Wand mit dem Namen Bio-Lunge wurde 2005 auf der Expo in Japan präsentiert. Mit 150 Metern Länge, 15 Metern Höhe und insgesamt 200 000 Pflanzen 200 verschiedener Arten zeigte sie, wie Pflanzen als Lunge einer Großstadt fungieren können. Grüne Wände reduzieren die Luftverschmutzung und Ausschwemmungen durch Regenwasser, sie isolieren Gebäude und bieten nützlichen Tieren Lebensraum.

Grüne Wand für den Balkon

Im Fachhandel bekommt man verschiedene Systeme zur Begrünung von Wänden. Die meisten bestehen aus einer leichten Konstruktion und verfügen über eine integrierte Bewässerungsvorrichtung. Für Kräuter und Gemüse sind auch kleinere Modulsysteme erhältlich. Noch einfacher und viel preiswerter ist es aber, eine grüne Wand aus einer alten Holzpalette selbst zu bauen. Sie können die Palette zuerst lasieren oder streichen, doch dann sollten Sie lieber keine essbaren Pflanzen darin ziehen. Ich habe mich für Heidekraut in verschiedenen schönen Rosa- und Lila-Schattierungen entschieden.

Das Vlies festtackern

SIE BRAUCHEN

Stabile Holzpalette (nach Wunsch gestrichen oder lackiert)

Gartenvlies

Schere

Tacker

2 große Säcke Universalsubstrat

12 Pflanzen Heidekraut (z.B. eine Mischung aus lila und rosa blühenden Arten)

1 Zuerst muss die Palette unten, seitlich und auf der Rückseite mit Gartenvlies verkleidet werden. Legen Sie das Vlies doppellagig auf den Boden und spannen Sie es von einer Seite zur anderen über die Palette. Das Vlies passend zuschneiden. An einer Seite muss ein Streifen überstehen, um das Ende, das später die Unterseite der grünen Wand bildet, zu bedecken.

2 Das Vlies straff ziehen und mit dem Tacker auf der Rückseite und an den Schmalseiten der Palette befestigen. Die Vlieskanten, die nach vorn zeigen, wie einen Saum sauber einschlagen. Das obere Ende muss offen bleiben, weil es bepflanzt wird.

3 Die Palette auf den Boden legen und die obere Öffnung mit Substrat füllen. Dieser Teil wird zuerst

bepflanzt. Die Heidekraut-Pflanzen hineinschieben und gut festdrücken.

4 Die Lücken zwischen den anderen Latten mit Substrat füllen, aber genug Platz für die Pflanzen lassen. Das Substrat glatt streichen. Nun wird gepflanzt.

5 Die Pflanzen dicht an dicht in die Lücken zwischen den Latten setzen. Sie sollen die Öffnungen der Palette verdecken.

6 Reichlich gießen und etwa eine Woche liegen lassen, damit sich die Pflanzen etablieren können. Wenn sie sicher angewachsen sind, kann die Palette an die Wand gelehnt werden.

Der richtige Standort

Suchen Sie einen Platz, an dem die Pflanzen genug Sonne bekommen, aber nicht zu sehr vom Wind zerzaust werden. Vor allem muss die Palette so stehen, dass sie zum Gießen und Jäten gut zu erreichen ist. Danach muss nur regelmäßig und gleichmäßig gegossen werden.

Andere Pflanzideen

In einer aufrechten Palette sehen auch weich überhängende Farne oder rankende Efeu toll aus. Trockenheitsverträgliche Sukkulenten wie *Sedum* und Dachwurz gedeihen darin ebenfalls hervorragend. Sie können auch Kräuter wie Thymian, Oregano und Majoran darin ziehen.

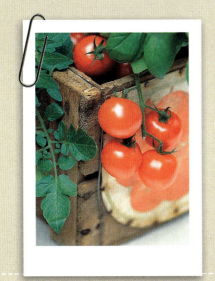

KAPITEL 4

GUTEN APPETIT

Aus der Samentüte auf den Teller - beobachten Sie einmal, wie aus einem kleinen Sämling eine üppige, essbare Pflanze heranwächst: Herrlich! Es macht richtig stolz, etwas selbst anzupflanzen - ob frische Kräuter oder aromatische Tomaten. Außerdem haben Sie zum Kochen immer superfrische Zutaten zur Hand. Und für all das brauchen Sie nicht einmal viel Platz oder einen großen Nutzgarten!

Ich bin ein großer Fan von Obst, Gemüse und Kräutern aus dem eigenen Garten. Es macht Spaß, allerlei Essbares in Kübeln und Töpfen zu ziehen, und es macht außerordentlich zufrieden, wenn man nur den Arm ausstrecken muss, um Basilikum für Saucen, Minze für Cocktails oder Tomaten für Salat zu pflücken.

ERNTE AUS KÜBELN, TÖPFEN UND KÄSTEN

Manche Leute finden die Vorstellung, Nutzpflanzen zu halten, etwas unheimlich. Ich lerne immer wieder Menschen kennen, die sich nicht trauen, es einmal zu versuchen, aber ich kann sie meist überzeugen, indem ich ihnen erkläre, dass sie dadurch auch viel Geld sparen können. Statt ins Geschäft zu gehen und Geld für einen Plastikbeutel mit Salat auszugeben, der nach ein, zwei Tagen aufgegessen ist, kann man Schnittsalat im eigenen Garten den ganzen Sommer lang immer wieder ernten.

Wer im Balkongarten oder auf der Dachterrasse Nutzpflanzen halten möchte, sollte kleine Sorten wählen, die wenig Platz brauchen und Temperaturschwankungen vertragen. Schauen Sie sich die Standortbedingungen genau an. Liegt Ihr Garten im Schatten? Wie viel Sonne bekommt er? Ist er windig? Anhand Ihrer Antworten können Sie dann Pflanzen aussuchen, die zu den Gegebenheiten passen. Salat beispielsweise wächst gut im Schatten höherer Pflanzen. Tomaten mögen einen Sonnenplatz und *Tagetes* als Nachbarn (deren Geruch vertreibt Schadinsekten). Generell bekommt es Gemüse im Kübel gut, wenn einmal im Monat etwas frisches Substrat aufgefüllt wird. Düngen sollten Sie wöchentlich. Die meisten Gemüsearten brauchen vier bis sechs Sonnenstunden pro Tag, ein nährstoffreiches Substrat und ausreichend Wasser – also im Grunde dasselbe wie alle anderen Kübelpflanzen.

Was darf es sein?

Überlegen Sie genau, was Sie pflanzen wollen. Zucchini beispielsweise können so reich tragen, dass Sie jede Menge davon essen oder anderweitig verwerten müssen.

In diesem Kapitel stelle ich nur eine Auswahl der Nutzpflanzen vor, die sich für den Anbau in Kübeln oder Töpfen auf dem Balkon gut eignen. Die Liste erhebt keinen Anspruch auf Vollständigkeit, aber ist eine gute Ausgangsbasis für alle, die einen Mini-Schrebergarten in luftiger Höhe anlegen wollen.

Aus der Tabelle gegenüber können Sie entnehmen, wann die verschiedenen Arten gesät und geerntet werden. Lesen Sie auch die Informationen auf den Samentütchen genau durch.

Pflanze	Wo aussäen	Wann aussäen	Wann ernten
Aubergine	Im Haus unter Glas	Anfang bis Mitte Frühjahr	Hochsommer bis Mitte Herbst
Basilikum	Fensterbank	Spätwinter bis Mitte Frühjahr	Spätfrühjahr bis Mitte Herbst
Blattsalate	Direkt in Kübel/Fensterbank	Zeitiges Frühjahr bis Spätsommer	Spätfrühjahr bis Mitte Herbst
Chili	Fensterbank/im Haus unter Glas	Mitte Winter bis Spätfrühjahr	Hoch- bis Spätsommer
Dill	Fensterbank/direkt in Kübel	Zeitiges Frühjahr bis Hochsommer	Hochsommer bis Frühherbst
Erbsen	Direkt in Kübel	Zeitiges Frühjahr bis Frühherbst	Früh- bis Spätsommer
Frühlingszwiebeln	Direkt in Kübel	Zeitiges Frühjahr bis Hochsommer	Frühsommer bis Mitte Herbst
Gemüsepaprika	Im Haus unter Glas	Anfang bis Mitte Frühjahr	Hochsommer bis Frühherbst
Gurke	Im Haus unter Glas	Zeitiges Frühjahr bis Frühsommer	Hochsommer bis Frühherbst
Kerbel	Fensterbank	Zeitiges Frühjahr bis Spätsommer	Spätfrühjahr bis Spätherbst
Koriander	Direkt in Kübel/Fensterbank	Zeitiges Frühjahr bis Spätsommer	Spätfrühjahr bis Mitte Herbst
Majoran	Im Haus unter Glas	Früh- bis Spätsommer	Spätsommer bis Frühwinter
Minze	Direkt in Kübel	Spätwinter bis Hochsommer	Spätsommer bis Frühherbst
Möhren	Direkt in Kübel	Ab Mitte Frühjahr	Spätfrühjahr bis Spätherbst
Oregano	Im Haus unter Glas	Zeitiges Frühjahr bis Frühsommer	Frühsommer bis Mitte Herbst
Petersilie	Im Haus unter Glas/direkt/Fensterbank	Zeitiges Frühjahr bis Hochsommer	Spätfrühjahr bis Spätherbst
Radieschen	Direkt in Kübel	Spätwinter bis Spätsommer	Mitte Frühjahr bis Mitte Herbst
Rosmarin	Im Haus unter Glas	Anfang bis Ende Frühjahr	Hochsommer bis Mitte Herbst
Salbei	Im Haus unter Glas	Anfang bis Ende Frühjahr	Frühsommer bis Mitte Herbst
Sauerampfer	Direkt in Kübel	Zeitiges Frühjahr bis Spätsommer	Spätfrühjahr bis Spätherbst
Schnittlauch	Direkt in Kübel	Zeitiges Frühjahr bis Frühsommer	Hochsommer bis Spätherbst
Thymian	Im Haus unter Glas	Anfang bis Mitte Frühjahr	Frühsommer bis Mitte Herbst
Tomate	Im Haus unter Glas	Anfang bis Mitte Frühjahr	Hochsommer bis Spätherbst
Zucchini	Im Haus unter Glas/direkt	Spätfrühjahr bis Frühsommer	Frühsommer bis Frühherbst

Tomatenpflanze

Ein einziger Blumenkasten genügt bereits, um Leckeres für viele Sommergerichte zu ernten. Denken Sie schon bei der Bepflanzung an Ihre Lieblingsgerichte und bestücken Sie den Kasten mit Zutaten, die Sie regelmäßig in der Küche brauchen. Ein bisschen Selbstversorgung tut gut und lässt sich auch auf einem kleinen Balkon verwirklichen.

MEDITERRANER KASTEN

SIE BRAUCHEN

Blumenkasten aus Holz

Styroporchips, Tonscherben oder Kiesel

Universalsubstrat

Groben Sand

Dünger

Tomatenpflanze in einem großen Kübel

In den Blumenkasten habe ich eine Chili und verschiedene Küchenkräuter gepflanzt:

Strauchbasilikum

Currykraut

Gelbblättrigen Thymian

Majoran ('Acorn Bank')

Oregano

Rotblättriges Basilikum ('Dark Opal')

Für den mediterranen Kasten habe ich Zutaten ausgewählt, die ich für drei meiner Lieblingsrezepte brauche: gebackene Tomaten mit Kräutern, würziges Tomatenchutney und den Cocktail Bloody Mary. Das Rezept für das köstliche Chutney finden Sie auf der Seite gegenüber. Natürlich können Sie die Zutaten auch für eine klassische Pastasauce mit Tomaten und Basilikum verwenden. In den rustikalen Blumenkasten aus Holz habe ich Oregano, Chili, Majoran, Currykraut (das in der mediterranen Küche gern zum Würzen von Mayonnaise verwendet wird), gelbblättrigen Thymian und zwei Sorten würziges Basilikum gepflanzt. Die Tomate, die zu den wichtigsten Zutaten der Mittelmeerküche gehört, bekam einen separaten Kübel. Ausführliche Informationen zum Anbau von Tomaten finden Sie auf den Seiten 104–106. Selbst wenn Sie noch nie Essbares angepflanzt haben, werden Sie feststellen, dass diese in der Küche sehr nützlichen Pflanzen ganz unkompliziert sind.

Den Kasten bepflanzen

Sie können die Pflanzen schon früh im Jahr im Haus vorziehen. Legen Sie Samen in kleine Töpfe und halten Sie das Substrat warm und feucht. Wenn die Pflanzen etwas größer sind und keine Frostgefahr mehr besteht, werden sie in den Kasten gepflanzt. Achten Sie darauf, dass der Kasten genug Abzugslöcher im Boden hat, damit überschüssiges Wasser gut abfließen kann. Setzen Sie die Pflanzen so weiträumig, dass sie genug Platz zum Wachsen haben. Weil Kräuter auf sehr durchlässigem Boden am besten gedeihen, lohnt es sich, vor der Bepflanzung des Kastens etwas groben Sand unter das Substrat zu mischen.

Der richtige Standort

Am besten stellen Sie den Kasten an einen Platz, an dem die Pflanzen sechs bis acht Stunden Sonne pro Tag bekommen. Nach einigen Monaten sind die Pflanzen so groß, dass Sie ernten und viele köstliche Gerichte servieren können.

Ergibt 5–6 Portionen
Vorbereitungszeit:
10 Minuten
Garzeit:
10–14 Minuten

Zutaten
3 EL Olivenöl
6 Tomaten, gehackt
1½ Schalotten,
gehackt
1 Knoblauchzeh, zer-
drückt
½ rote Chili, gehackt
(nach Belieben)
¼ TL Paprika
1 EL fein gehacktes
Basilikum
1 EL fein gehackter
Oregano
3 TL brauner Zucker
3 EL Balsamico-Essig

Probieren Sie dieses köstliche Chutney mal zu Käse!

PIKANTES
TOMATENCHUTNEY

1 Das Olivenöl in einem Topf erhitzen. Tomaten, Schalotten, Knoblauch, Chili (falls verwendet), Paprika, Basilikum und Oregano zugeben und 5–8 Minuten andünsten.

2 Zucker und Essig zugeben und weitere 5–6 Minuten kochen, bis das Chutney eindickt. Zu Käse und frischem Brot servieren.

Pikantes Tomatenchutney

85
Mediterraner Kasten

Wenn Sie Platz für mehrere Kräuterkästen haben, könnten Sie spezielle Sortimente für Ihre liebsten Fleisch- oder Geflügelgerichte pflanzen. Für diesen Kasten habe ich Kräuter zusammengestellt, die ich gern für Hähnchen verwende; sie passen aber auch zu anderen Geflügelgerichten.

KRÄUTERKASTEN FÜR GEFLÜGEL

SIE BRAUCHEN

Einen schwarzen Blumenkasten
Styroporchips, Tonscherben oder Kiesel
Universalsubstrat
Groben Sand
Dünger mit Algenextrakt
Johannisbeersalbei
Majoran (buschige Pflanze)
Französischen Estragon
Gelbblättrigen Thymian
Wurzelpetersilie
Rotblättrigen Salbei

Es ist ein tolles Gefühl, wenn man nur die Hand ausstrecken muss, um frische Kräuter zum Würzen und Garnieren leckerer Gerichte zu pflücken. Es gibt viele Kräuter, die den Geschmack von verschiedenen Fleisch- und Geflügelsorten hervorragend unterstreichen und sich für eine Reihe köstlicher Gerichte eignen. Überlegen Sie, welche Fleischsorten Sie besonders gern essen, und stellen Sie sich dann Ihren maßgeschneiderten Kräuterkasten zusammen.

Für diesen Kasten habe ich eine Reihe von Kräutern ausgesucht, die gut zu Hähnchen passen. Darunter sind einige ungewöhnliche Pflanzen wie Wurzelpetersilie und Johannisbeersalbei. Die Kräuter können gut zusammen gepflanzt werden, da sie sich nicht stark ausbreiten. Weil sie mehrjährig sind, können sie auch einige Jahre lang in ihrem Kasten bleiben. Wenn Sie den Kasten im Winter nicht ins Haus stellen können, decken Sie ihn ab, um die Pflanzen vor Frost zu schützen. Ich habe ein paar Handvoll groben Sand unter das Substrat gemischt, weil die Pflanzen durchlässigen Boden bevorzugen. Geben Sie den Kräutern ab und zu einen Dünger mit Algenextrakt und schneiden Sie sie zurück, nachdem sie geblüht haben.

Salbei

KRÄUTER AUFS FLEISCH ABSTIMMEN Die folgenden Kräuter passen zu vielen Fleischgerichten, sehen attraktiv aus und gedeihen gut in Kästen, Kübeln und Töpfen. Ich mag zu Geflügel besonders gern Majoran, Sommerbohnenkraut, Thymian und Estragon. Zu Schweinefleisch passen Rosmarin, Sternanis, Schnittlauch, Basilikum und Majoran ausgezeichnet. Wenn Sie gern Rindfleisch mögen, empfehle ich Bohnenkraut, Thymian, Koriander, Majoran und Basilikum. Und zu Lamm mag ich am liebsten Knoblauch, Rosmarin, Dill, Minze und Bohnenkraut.

Ein würziges Brathähnchen zum Sonntag kommt immer gut an. Ich serviere dazu gern Kartoffelpüree mit einem Schuss Olivenöl, mit Honig glasierte Möhren und gedünsteten Wirsingkohl.

BUTTER-HÄHNCHEN MIT KRÄUTERN

1 Den Backofen auf 190 °C/Gas Stufe 5 vorheizen. Butter, Saft und Schale einer Zitrone, Kräuter, Knoblauch und Gewürze in einer Schüssel verrühren.
2 Die Haut an Brust und Keulen vorsichtig anheben, die Buttermischung darunter geben und von außen vorsichtig andrücken. Die andere Zitrone halbieren und in die Bauchhöhle des Hähnchens stecken.
3 Die Haut mit Salz und Pfeffer einreiben und das Hähnchen im Backofen etwa 1 Stunde 20 Minuten garen. Zwischendurch gelegentlich mit dem Bratensaft begießen.
4 Das Hähnchen aus dem Ofen nehmen, 15 Minuten ruhen lassen und erst dann tranchieren.

Für 4–6 Personen
Vorbereitungszeit: 10 Minuten
Garzeit: 1 Stunde 20 Minuten

Zutaten
175 g Butter
2 Zitronen
2 EL frisch gehackter Estragon
4 EL frisch gehackte glatte Petersilie
1 EL frisch gehackter Rosmarin
1 TL frisch gehackter Zitronenthymian
1 Knoblauchzehe, geschält und gehackt
Meersalz und schwarzer Pfeffer aus der Mühle
1 Hähnchen, ca. 1,5 kg

Frischer Fisch und Kräuter – eine klassische Kombination. Diese würzigen Kräuter habe ich auf meinen Urlaubsreisen nach Frankreich immer gern gepflückt. Wenn Sie die Kräuter in einen Kasten pflanzen, haben Sie es leicht, jederzeit würzige Fischgerichte auf den Tisch zu bringen.

KRÄUTERKASTEN FÜR FISCH

SIE BRAUCHEN

Blumenkasten aus Metall (z.B. Zinklech)

Styroporchips, Tonscherben oder Kiesel

Universalsubstrat

Groben Sand

Kräuter für Fischgerichte, z.B. Basilikumminze, bronzeblättriger Fenchel, krausblättrige Petersilie, Dill, Muskatgarbe, Zitronenthymian, Orangenthymian, Salbei und Sauerampfer.

Für diesen Kasten habe ich Kräuter zusammengestellt, die besonders gut zu Fischgerichten passen, und dazu einige ungewöhnlichere gesellt: Basilikum, bronzeblättriger Fenchel, krausblättrige Petersilie, Dill, Muskatgarbe, Zitronenthymian, Orangenthymian und Sauerampfer. Am besten pflanzen Sie die Kräuter vom Spätfrühling bis Mitte Herbst. Wenn sie kräftig wachsen, können Sie fast das ganze Jahr hindurch ernten. Denken Sie daran, etwas groben Sand unter das Substrat zu mischen, weil die Kräuter durchlässigen Boden brauchen.

Die Kräuter pflegen

Schneiden Sie welke Triebe regelmäßig ab, damit die Pflanzen schön kompakt bleiben. Von immergrünen Kräutern sollten Sie stets die Triebspitzen ernten, weil sie sich dann besser verzweigen. Versorgen Sie die Kräuter regelmäßig mit einem Dünger mit Algenextrakt, um die Bildung würziger, saftiger Blätter anzuregen. Stellen Sie den Kasten an einen halbschattigen Platz, denn Petersilie und Sauerampfer fühlen sich in der prallen Sonne nicht wohl.

ZUTATEN FÜR JEDEN TAG Die Kräuter in diesem Kasten passen hervorragend zu vielen Fischgerichten. Meine Favoriten sind Dill zu Lachs und Thymian zu Forelle. Frischen Sauerampfer verwende ich besonders gern mit Dill und Crème fraîche oder saurer Sahne für eine würzige Sauce, die wunderbar zu kaltem Fisch wie Lachs passt.

Kräuterlachs mit Couscous

Dies ist eines der kräuterwürzigen Fischgerichte, die ich besonders gern koche.

KRÄUTERLACHS MIT COUSCOUS

1 Den Couscous in einer Schüssel mit Brühe und Öl verrühren. Abdecken und 10 Minuten quellen lassen, dann mit einer Gabel auflockern.

2 Einige Kräuter beiseite legen. Die restlichen Zutaten (außer Lachs, Zitrone, Pfeffer und Salz) zum Couscous geben. Den Couscous abschmecken.

3 Den Backofen auf 200 ºC/Gas Stufe 6 vorheizen. Vier große Stücke Backpapier zuschneiden und den Couscous darauf verteilen. Auf jede Portion ein Lachsfilet legen. Mit den restlichen Kräutern bestreuen, mit Salz und Pfeffer würzen. Das Papier sorgfältig zufalten.

4 Die Päckchen auf ein Backblech legen und 15 Minuten backen, bis der Fisch gar ist. Im Papier servieren. Zitronenschnitze zum Beträufeln dazu reichen.

Für 4 Personen
Vorbereitungszeit: 10 Minuten
Garzeit: 30 Minuten

Zutaten
110 g Couscous (möglichst vorgewürzt mit Zitrone und Knoblauch)
250 ml heiße Gemüsebrühe
1 EL Olivenöl
1 Handvoll gehackte Kräuter (z.B. Basilikum, Minze, Orangenthymian und Petersilie)
4 Frühlingszwiebeln, in dünne Ringe geschnitten
4 sonnengetrocknete Tomaten, gehackt
4 Lachsfilets, je ca. 175 g
1 Zitrone
Salz und schwarzer Pfeffer aus der Mühle

Kräuterkasten für Fisch

Wenn Sie gern ungewöhnliche Rezepte ausprobieren, haben Sie vielleicht Lust, einen Kasten mit passenden Zutaten für Ihre Lieblingsgerichte zu bepflanzen. Für thailändische Currys braucht man viele verschiedene Kräuter, die sehr gut in Kasten, Kübeln oder Töpfen gedeihen.

DER CURRY-KASTEN

SIE BRAUCHEN

Blumenkasten

Styroporchips, Tonscherben oder Kiesel

Universalsubstrat

Verschiedene Kräuter für Thai-Currys, z.B. Zwerg-Chili 'Apache', Koriander, Knoblauch, Thai-Basilikum, Kaffir-Limette und Zitronengras

Diesen duftenden Kasten habe ich mit verschiedenen Zutaten bepflanzt, die man für thailändische Currys benötigt. Keine Sorge, auch diese Pflanzen gedeihen problemlos auf dem heimischen Balkon, wenn Sie die folgenden Tipps beachten.

Koriander ist ein einjähriges Kraut, das am besten direkt in den Kasten gesät wird. Die Pflanzen sind etwas empfindlich und mögen nicht umgepflanzt werden. Sobald die Pflanzen kräftig wachsen, können die Blätter geerntet werden.

Chilis gedeihen in Kübeln und Kästen ebenso gut wie Tomaten. Jungpflanzen sind etwa ab Mitte Mai in Gärtnereien und Gartencentern zu bekommen. In kühlen Regionen entwickeln die Früchte weniger Schärfe. Ernten Sie oft, um die Bildung neuer Früchte anzuregen.

Knoblauch und Schalotten gehören zu den Lauchgewächsen. Sie gedeihen in unserem Klima sehr gut. Traditionell pflanzt man sie am kürzesten Tag des Jahres und erntet sie am längsten.

Ingwer zieht man am besten im Haus oder an einem Sonnenplatz. Kaufen Sie einfach ein Stück des Rhizoms beim Gemüsehändler und pflanzen Sie es in einen Kübel. Regelmäßig gießen und über Winter in die Wohnung stellen.

Thai-Basilikum wird oft für Salate verwendet, schmeckt aber auch in Currygerichten hervorragend. Wie die meisten Kräuter braucht es durchlässigen Boden, mischen Sie darum etwas Sand unter das Substrat. Bei der Ernte gut aufpassen, dass Sie keine Blätter abknicken.

Kaffir-Limettenbäumchen und -sträucher bekommt man in gut sortierten Gartencentern. Die Blätter werden für grüne Currys verwendet. Wenn Sie auch die herben, duftenden Früchte ernten möchten, kaufen Sie eine größere Pflanze. Sie braucht einen Sonnenplatz und muss im Haus überwintert werden.

Zitronengras ist nicht überall zu bekommen und oft recht teuer. Außerdem schmecken gekaufte Stiele längst nicht so aromatisch wie frisch geerntete. Setzen Sie lieber einige Jungpflanzen in einen Kübel. An einen Sonnenplatz stellen und regelmäßig gießen. Im Winter müssen die Pflanzen auf die Fensterbank im Haus umziehen.

Guten Appetit

Wenn die Pflanzen im Thai-Garten erntereif sind, können Sie mit ihnen ein pikantes Curry mit Aubergine kochen.

AUBERGINEN-CURRY

1 Knoblauch, Chili, Ingwer, Zitronengras, Kurkuma und Kreuzkümmel im Mixer zu einer Paste verarbeiten und beiseite stellen.
2 Das Olivenöl in einer Pfanne erhitzen. Die Auberginenwürfel darin hellbraun anbraten, dann aus der Pfanne nehmen.
3 Die Gewürzpaste mit Zucker und Schalotten einige Minuten im Öl erhitzen, die Auberginen wieder zugeben. Fischsauce, Kokosmilch, Kaffir-Limettenblätter und Brühe zufügen und aufkochen.
4 15 Minuten auf niedriger Temperatur köcheln lassen, bis die Auberginen gar sind.
5 Abschmecken und mit Koriander oder Thai-Basilikum bestreuen.
6 Zu gedämpftem Klebreis oder Jasminreis servieren.

Für 4 Personen
Vorbereitungszeit: 20 Minuten
Garzeit: 15 Minuten

Zutaten
6 Knoblauchzehen, grob gehackt
5 rote Chili, entkernt und gehackt
4-cm-Stück frischer Ingwer, gehackt
2 Stiele Zitronengras, gehackt
2 EL gemahlene Kurkuma
½ EL Kreuzkümmel
1 EL Olivenöl
600 g Auberginen, in 5 cm große Würfel geschnitten
1 EL Zucker
6 Schalotten, fein gehackt
1 EL thailändische Fischsauce
400 g Kokosmilch (Konserve)
2 Kaffir-Limettenblätter
375 ml Gemüsebrühe
Salz nach Geschmack
1 Handvoll Korianderblätter oder Thai-Basilikum, grob gehackt

91
Der Curry-Kasten

Kräuter werden seit Jahrhunderten in aller Welt eingesetzt, um die verschiedensten Krankheiten und Beschwerden zu behandeln. In diesem Sinne sind sie viel mehr als nur Pflanzen, denn sie bilden die Grundlage der modernen Medizin.

HEILKRÄUTER

DIE PFLANZEN

Viele Kräuter besitzen heilende Wirkung. Hier stelle ich einige vor, die besonders nützlich sind.

Aloe vera

Kamille

Zitronenmelisse

Pfefferminze

Rose

Echter Tee

Veilchen

Bevor Sie bestimmte Beschwerden mit Kräutern behandeln, lassen Sie sich bitte von Ihrem Arzt oder Heilpraktiker untersuchen und beraten. Informieren Sie sich genau, wie die einzelnen Kräuter dosiert und eingesetzt werden sollen, welche Wirkungen und Nebenwirkungen sie haben können.

Viele Kräuter sind winterhart und wachsen ohne viel Zuwendung das ganze Jahr hindurch. Sie können jederzeit geerntet werden, wenn Bedarf an einem Hausmittel besteht. Die meisten gedeihen auch in Kästen, Kübeln oder Töpfen auf dem Balkon. Sie sind wirkungsvoll und einfach anzuwenden. Kamille beispielsweise erleichtert das Einschlafen, Dill lindert Bauchschmerzen, Pfefferminze regt die Verdauung an und Zitronenmelisse wird bei Erschöpfung und Kopfschmerzen empfohlen.

Tee aus eigener Ernte

Grüner, schwarzer und weißer Tee stammen von ein- und derselben Pflanze, *Camellia sinensis*. Es ist ganz einfach, eine Kanne frischen Tee von dieser robusten Pflanze aufzubrühen, die auch auf dem Balkon oder der Dachterrasse gut wächst. Für eine Kanne Tee brauchen Sie fünf bis sieben frische Blätter. Und so gehen Sie vor:

1 Die Blätter in ein Sieb legen und unter fließendem, kaltem Wasser abspülen. Wasser zum Kochen bringen. Die Teeblätter in eine Kanne legen.
2 Nur wenig heißes Wasser in die Kanne gießen. Die Teeblätter darin 10 Sekunden schwenken, dann die Kanne ganz mit Wasser füllen.
3 Die Mischung etwa 10 Minuten ziehen lassen, bevor Sie sich eine erfrischende Tasse Tee einschenken. Die Blätter können bis zu dreimal verwendet werden.

Kräutertee zubereiten

Am einfachsten lässt sich die Heilwirkung von Kräutern nutzen, indem man Tee aus ihnen zubereitet. Manche können täglich genossen werden. Für eine Tasse Kräutertee (z.B. aus Kamille, Zitronenmelisse, Pfefferminze, Rosen-Blütenblättern, Veilchen oder Lavendel) pflücken Sie je nach Pflanzenart fünf frische Blätter oder einen Stängel. Sie können auch zwei Teelöffel getrocknete Kräuter oder einen Teelöffel Samen verwenden. Ich lege die Kräuter zuerst auf ein sauberes Stück Küchenpapier und zerdrücke sie leicht. Dann die Kräuter in eine Tasse oder Kanne geben. Wasser aufkochen, etwas abkühlen lassen und darüber gießen, dann unbedingt abdecken, weil sonst mit dem Dampf wertvolle ätherische Öle entweichen. Falls nötig, den Tee durch ein Sieb gießen. Nach Geschmack mit Honig süßen.

Kräutertee

WUNDERPFLANZE ALOE VERA *Aloe vera* hat fleischige Blätter, deren Saft Stoffe mit erstaunlicher Heilwirkung enthält. Wenn Sie eine Blase, einen Insektenstich oder einen Sonnenbrand haben, brechen Sie einfach ein Blatt ab und drücken den Saft über der betroffenen Stelle aus. Die Hautreizung klingt dann sehr schnell ab. Ich finde es großartig, solche natürlichen Heilmittel griffbereit zu haben!

Eine besonders praktische Idee für einen Gemeinschafts-Dachgarten ist ein Blumenkasten mit den wichtigsten Zutaten für einen Cocktail. Ich habe Zutaten für meine Lieblings-Cocktails ausgesucht, aber Sie können natürlich auch Pflanzen frei nach Ihrem Gusto verwenden.

DER COCKTAIL-KASTEN

SIE BRAUCHEN

Blumenkasten aus Zink

Styroporchips, Tonscherben oder Kiesel

Universalsubstrat

Dünger

Minze-Pflanzen (ich habe der Farben wegen grüne Minze und rotstielige Apfelminze kombiniert)

Kumquat-Bäumchen

Erdbeerpflanzen

Der sachliche Kasten aus Zink passt besonders gut zu einem moderneren Zuhause. Er sieht besonders schön aus, wenn die Erdbeeren und Kumquats Früchte in leuchtendem Rot und Orange tragen. Bringen Sie den Kasten so hoch an, dass die Stiele und Früchte der Erdbeeren hübsch herabhängen können. Erdbeerpflanzen sollten Sie frühzeitig kaufen, damit sie genug Zeit haben, Früchte zu bilden. Mir gefallen die leuchtend orangefarbenen Kumquats in der Mitte des Kastens besonders gut. Der Geschmack ist aber etwas gewöhnungsbedürftig. Man isst sie im Ganzen mitsamt der Schale, und auf den ersten Biss sind sie recht herb. Manche Früchte reifen sogar im Winter, wenn man die Pflanze ins Innere stellt.

Die richtige Pflege

Kumquats vertragen Kälte besser als andere Zitrusarten, aber auch sie brauchen Sonne oder mindestens Halbschatten. Über Winter müssen sie ins Haus geholt werden. Geben Sie der Pflanze alle zwei Wochen Dünger, damit sie reichlich Früchte bildet. Gießen Sie eher sparsam, denn wenn das Substrat zu nass ist, kann die Pflanze faulen und die Früchte werden anfällig für Krankheiten. Wenn die Pflanzen Früchte tragen, sollten sie vor Wind geschützt werden. Minze wächst schnell und muss darum oft geerntet werden. Weil sie zum Wuchern neigt, empfiehlt es sich, sie mitsamt ihrem Plastiktopf in den Kasten zu pflanzen.

Mit frisch gepflückten Früchten ...

PIMMS

250 ml Pimms
1 Liter Zitronenlimonade
3 Kumquats, halbiert
3 Erdbeeren, in Scheiben geschnitten
1/2 Gurke, gewürfelt
1 Handvoll frische Minzeblätter
Alle Zutaten in einem großen Krug mischen.
Gut gekühlt oder mit Eis servieren.

Herbe Variante des Klassikers

KUMQUAT-INGWER-CAIPIRINHA

5 Kumquats, in Scheiben geschnitten
1 TL frisch gehackter Ingwer
1½–2 EL feiner Zucker
60 ml Cachaca
Kumquatscheiben zum Garnieren
Minzezweige zum Garnieren

Kumquats, Ingwer und Zucker in einem altmodischen Glas gut vermischen. Das Glas mit Eis auffüllen, dann den Cachaca zugeben. Gut umrühren. Mit einer Kumquatscheibe und einem Minzezweig garnieren.

SOMMERSPASS Kann man sich etwas Schöneres vorstellen, als an einem Sommerabend entspannt mit einem Cocktail auf dem Balkon zu sitzen? Die Zutaten in diesem Kasten können Sie für viele verschiedene Cocktails verwenden, von Pimms und Caipirinha bis zu Mojito und Daiquiri. Mit Minze, Erdbeeren und Kumquats ist er ein echter Partykasten. Sie werden daran bestimmt so viel Spaß haben wie ich.

Der Cocktail-Kasten

Kräuter sind eine dekorative und nützliche Bereicherung für den Küchengarten in der Stadt. Sie sind pflegeleicht und sehen mit ihrem buschigen Wuchs auch hübsch aus. Weil Sie zum Kochen jeweils nur einige Blätter brauchen, können Sie sehr lange von Ihren Kräutern ernten.

KRÄUTER

Wer auf engem Raum gärtnert, ist mit Kräutern bestens beraten. Selbst auf einem kleinen Balkon lassen sich problemlos sechs oder sieben Kräuter in unterschiedlichen Gefäßen unterbringen. Die verschiedenen Arten sehen zusammen auch toll aus, und es spricht gar nichts dagegen, wenn Sie manche nur aus ästhetischen Gründen pflanzen, statt sie in der Küche zu verwenden. Sie könnten beispielsweise Pflanzen mit roten und leuchtend grünen Blättern kombinieren oder Arten mit unterschiedlichen Düften. Ich liebe den Duft von Minze, Rosmarin und Thymian – vor allem nach einem Sommerregen.

Der Mini-Kräutergarten
Die meisten Kräuter wachsen problemlos in Kästen, Kübeln oder Töpfen. Sie haben die Wahl zwischen alten Weinkisten, Olivenöl-Dosen, Hängeampeln oder Blumenkästen. Alle Gefäße müssen genügend Abzugslöcher im Boden haben.

Sie können Kräuter selbst aus Samen ziehen oder Jungpflanzen kaufen und umpflanzen. Stellen Sie die Kübel und Kästen dann an einen Platz, an dem sie reichlich Sonne bekommen. Denken Sie daran, den Kräutergarten ausreichend zu gießen. Bei großer Hitze müssen Sie die Gefäße vielleicht umstellen, damit sie nicht austrocknen. Blüten sollten Sie sofort entfernen, bevor sich Samen bilden. Dann haben Sie länger Freude an den verschiedenen Blättern.

Kräutervielfalt
Petersilie, Koriander und Minze vertragen kühle Witterung recht gut. Minze und Zitronenmelisse neigen zum Wuchern und sollten darum in separate Kübel gesetzt werden. In einem gemischten Kübel würden sie ihre Nachbarn schnell verdrängen.

Kräuter trocknen
Im vorigen Jahr fiel die Ernte in meinem Kräutergarten so reich aus, dass ich einige für den Vorrat getrocknet habe. Das lohnt sich, denn so haben Sie auch im Winter immer Kräuter zur Hand – und obendrein einige zum Verschenken. Besonders gut lassen sich Kräuter mit einem eher niedrigen Wassergehalt trocknen, beispielsweise Lorbeer, Dill, Majoran, Oregano, Rosmarin und Thymian. Ich trockne die Kräuter im Spätsommer und bewahre sie in Schraubgläsern auf.

1 Gesunde Stiele von den Pflanzen schneiden und welke oder kranke Blätter entfernen.

2 Vorsichtig unter fließendem Wasser abspülen und mit Küchenpapier trocken tupfen.

3 Die Blätter von den unteren Stielenden (ca. 2–3 cm) entfernen.

4 Jeweils vier bis sechs Stiele mit Schnur zusammenbinden.

5 Sie können die Kräuter an ein spezielles Trockengestell hängen. Alternativ stecken Sie das Bündel kopfüber in eine Papiertüte mit einigen Löchern. Die Tüte oben mit Schnur zubinden und in einem warmen, aber gut belüfteten Raum aufhängen.

6 Nach etwa zwei Wochen sind die Kräuter trocken und können in Schraubgläser umgefüllt werden.

Guten Appetit

Ich finde es schrecklich, den Kühlschrank zu öffnen und von einem Beutel schlapper Salatblätter begrüßt zu werden. Gestern gekauft, heute schon welk. Auf die Dauer kann Salat aus dem Supermarkt ganz schön teuer werden. Viel preiswerter ist es, selbst frischen Salat zu ziehen. Und besser schmeckt er obendrein.

SALAT VOM BALKON

Es ist ganz einfach, Salat auf dem Balkon zu ziehen. Weil er flache Wurzeln hat, verträgt er sich auch mit anderen Pflanzen. Er wächst rasch, Sie sehen also schon bald Erfolge, und Sie können jederzeit auf die Schnelle ein paar Blätter als Beilage oder für ein Sandwich ernten.

Salat selbst ziehen

Einige Salatarten vertragen auch kalte Temperaturen gut – so können Sie sogar im Winter regelmäßig frische Blätter ernten. Wenn Sie Salat auf dem Balkon oder Dachgarten ziehen, haben Sie mit Schnecken und anderen Schädlingen, die »bodenständigen« Gärtnern das Leben schwer machen, normalerweise keine Probleme – es sei denn, die schleppen sie mit Jungpflanzen oder mit dem Substrat ein.

Sie können die Pflanzen im Haus vorziehen und später, wenn sie gewachsen sind, ins Freie pflanzen. Besonders praktisch sind Schnittsalate, die keine Köpfe bilden. Wenn die Blätter groß genug sind, schneiden Sie sie einfach mit einer Schere oder einem Messer etwa 3 cm über dem Substrat ab. Die Wurzel bleibt unverletzt im Kübel und bildet bald neue Blätter.

Sorten-Vielfalt

Für die Winterernte empfehle ich Mizuna, Senfkohl und Portulak. All drei kommen auch mit kühlen Temperaturen zurecht. Im Frühling und Sommer sollten Sie Romana-Salat und Pflücksalate wie 'Lollo Rosso' und 'Red Sails' probieren.

Kurz gefasst: Salat

Aussaat: Spätfrühling bis Spätsommer

Pflege:
- Regelmäßig gießen, vor allem bei trockener Witterung nie austrocknen lassen.

Ernte:
- Vier bis fünf Wochen nach der Aussaat ernten: häufig, aber nur kleine Mengen.
- Immer die äußeren Blätter abschneiden.

Schädlinge und Krankheiten
- Mehltau: große, gelbliche Flecken auf älteren Blättern, pelziger Belag auf der Unterseite. Befallene Blätter sofort entfernen.
- Grauschimmel: Pilzkrankheit, tritt oft in feuchten Perioden auf. Pflanzen werden rötlich-braun. Befallene Pflanzen sofort vernichten.

Frühlingszwiebeln schmecken herrlich in Salaten und eignen sich bestens als Garnierung. Eigentlich sind es ganz normale Zwiebeln, die einfach jung geerntet werden, statt sie vollständig ausreifen zu lassen. Ich mag sie besonders gern in asiatischen Suppen und in vietnamesischen Sommerrollen, aber sie passen auch zu vielen anderen Gerichten ausgezeichnet.

FRÜHLINGSZWIEBELN

Frühlingszwiebeln sind so unkompliziert, dass sie sich besonders gut für Gartenneulinge eignen. Sie bringen nahezu garantiert Erfolg und helfen, das eigene Gärtnern zu beflügeln. Und weil sie auch in Kübeln, Kästen und Töpfen gut wachsen, sind sie das perfekte Extra für den Stadtbalkon. Sie breiten sich nicht so stark aus wie andere Pflanzen und brauchen bis zur Ernte kaum Pflege. Sie müssen nur darauf achten, die Samen nicht zu dicht zu streuen.

Die richtigen Bedingungen
Frühlingszwiebeln brauchen feuchtes, aber nicht nasses Substrat. Wenn Sie die Pflanzen zu großzügig gießen, faulen die Zwiebeln. Am besten bereiten Sie das Substrat schon einige Tage vor der Aussaat vor, indem Sie ein organisches Düngergranulat untermischen. Etwa acht Wochen nach der Aussaat können Sie mit der Ernte beginnen. Frühlingszwiebeln kommen auch mit kühleren Temperaturen gut zurecht, was auf ungeschützten Balkons und Dachterrassen ein Vorteil ist.

Welche Sorte?
Zu den beliebtesten Sorten gehören 'White Lisbon' und 'White Lisbon Winter Hardy'. Letztere verträgt, wie der Name ahnen lässt, sogar Minusgrade. Besonders hübsch sieht die Sorte 'North Holland Blood Red' aus, die Zwiebeln in sattem Bordeauxrot bildet.

Kurz gefasst: Frühlingszwiebeln
Aussaat: Zeitiges Frühjahr bis Hochsommer (winterharte Sorten im Spätsommer oder Frühherbst)

Pflege:
- Bei trockenem Wetter gießen, ansonsten nur sparsam bewässern.
- Gelegentlich mit Flüssigdünger versorgen.

Ernte:
- Ab Frühsommer. Um die Herbstmitte sind die Zwiebeln ausgereift und das Laub welkt ab. Winterharte Sorten im zeitigen Frühling ernten.

Schädlinge und Krankheiten:
- Zwiebelfliege: kleine Fliegen, die Eier an den Pflanzen ablegen. Mit einem Pestizid (Biozid) behandeln.
- Weißfäule / Zwiebelhalsfäule: Befallene Pflanzen sofort vernichten, bevor sich die Krankheit ausbreiten kann.

Küchentipp
Ich koche so gern mit Frühlingszwiebeln, weil sie erheblich milder sind als normale Zwiebeln. Auch das Grün schmeckt ausgesprochen gut.

Frühlingszwiebeln ernten

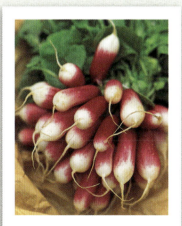

Radieschen

RADIESCHEN SÄEN Radieschen sind ein super Kübelgemüse. Weil sie leicht keimen und schnell erntereif sind, eignen sie sich auch gut für ungeduldige Gärtner. Außerdem sehen dünne Radieschenscheiben in Salaten toll aus und schmecken schön pikant. Ab Spätwinter können Sie sie direkt in Gefäße mit Universalsubstrat säen. Wenn die Sämlinge sehr eng stehen, zupfen Sie einige heraus. Sie können für Salate verwendet werden. Regelmäßig wässern und nach etwa fünf Wochen ernten. Je länger die Radieschen in der Erde bleiben, desto schärfer wird ihr Geschmack.

Erdbeeren sind die Lieblinge des Balkongärtners. Sie gedeihen prächtig in kleinen Kübeln oder hängenden Ampeln – ideal also, wenn Sie nur wenig Platz haben. Außerdem sind sie pflegeleicht und tragen mehrere Jahre lang leckere Früchte.

ERDBEEREN

Meiner Meinung nach können sich Erdbeeren aus dem Supermarkt mit selbst gezogenen nicht messen. Eine Erdbeere direkt von der Pflanze sieht schöner aus und schmeckt viel süßer und aromatischer. Da werden Kindheitserinnerungen an herrliche Erdbeeren mit viel Zucker und Sahne wach. Erdbeer-Jungpflanzen kosten nicht die Welt, aber für etwas Fürsorge bedanken sie sich einige Jahre lang mit Früchten.

Erdbeeren anpflanzen

Weil Erdbeeren flache Wurzeln bilden, fühlen sie sich in Kübeln, Kästen und Töpfen wohl. Am einfachsten ist es, Jungpflanzen zu kaufen oder bewurzelte Ausläufer zu pflanzen. Walderdbeeren kann man auch im zeitigen Frühling aussäen, allerdings tragen sie nur winzige Früchte. Legen Sie die Samen vor der Aussaat drei bis vier Wochen in den Tiefkühler. Durch die Kälte wird die Keimruhe gestört und die Samen keimen zuverlässiger.

Stellen Sie die Gefäße nach der Aussaat auf eine sonnige Fensterbank im Haus, bis die Pflanzen drei oder vier echte Blätter haben. Das Substrat sollte immer feucht sein, aber nicht zu nass, denn bei Staunässe faulen die Wurzeln. Geben Sie den Pflanzen von Zeit zu Zeit einen organischen Flüssigdünger – es darf auch ein Tomatendünger sein. Ich lege meist eine Schicht Stroh oder einige Schieferplatten unter die Pflanzen, denn die Früchte faulen leicht, wenn sie auf dem feuchten Substrat liegen. In kleineren Gefäßen oder hängenden Ampeln treten zum Glück selten Probleme mit Fäulnis auf.

Sortenvielfalt

Es gibt viele leckere Erdbeersorten, und ständig werden neue gezüchtet. Probieren Sie aus, was Ihnen schmeckt. Sie können auch kombinieren – vielleicht 'Elvira' mit großen Früchten, Walderdbeeren mit winzigen, aber aromatischen Beeren und 'Hapil' mit großen, leuchtend roten Früchten?

Kurz gefasst: Erdbeeren
Pflanzung: Mittleres Frühjahr

Pflege:
- Regelmäßig gießen, vermehrt in Trockenperioden.
- Erdbeeren brauchen nicht viel Dünger. Erst ab Frühsommer düngen.

Ernte:
- Die Früchte pflücken, sobald sie reif sind, sonst faulen sie an der Pflanze.
- Bei trockenem Wetter ernten.

Schädlinge und Krankheiten:
- Schnecken: fressen die Früchte an. Schneckenkorn legen oder die Gefäße auf Füßchen stellen.
- Vögel und Eichhörnchen: stibitzen gern Früchte, vor allem wenn sie höher hängen. Die Pflanzen mit Netzen abdecken.

HEIDELBEEREN ERNTEN Heidelbeeren sind wegen ihres hohen Gehalts an Vitaminen und Antioxidantien unglaublich gesund. Pflanzen Sie um die Herbstmitte einen Strauch in einen großen Kübel. Weil Heidelbeeren sauren Boden brauchen, müssen sie unbedingt in kalkfreies Moorbeetsubstrat gepflanzt werden. Mischen Sie bei der Pflanzung ein Langzeitdünger-Granulat unter das Substrat und düngen Sie später gelegentlich nach (Dosierung und Intervalle gemäß Herstellerangaben). Nach der Pflanzung den Strauch sorgfältig angießen, später regelmäßig bewässern. Verwenden Sie dafür möglichst Regenwasser, weil Leitungswasser zu viel Kalk enthalten kann. Die Beeren ernten, wenn sie reifen.

Heidelbeeren

Nichts ist trauriger als geschmacksneutrale, wässrige Tomaten. Leider sind gerade saftige, aromatische Rispentomaten, die nach Sommer und Urlaub am Mittelmeer schmecken, oft recht teuer. Wie gut, dass man Tomaten ohne viel Aufwand auch in Kübeln und Kästen auf dem Balkon oder der Dachterrasse ernten kann!

TOMATEN

Kurz gefasst: Tomaten
Aussaat und Pflanzung: Aussaat ab Frühlingsmitte, Pflanzung im Frühsommer.

Pflege:
- Immer nur auf den Wurzelbereich gießen.
- Lieber zu wenig als zu viel gießen (bei Wasserüberschuss platzen die Früchte).
- Alle zwei Wochen mit Tomatendünger versorgen.
- Der Dünger sollte einen hohen Gehalt an Phosphor und Kalium haben.

Ernte:
- Von Hochsommer bis Spätherbst, wenn die Früchte leuchtend rot sind und etwas weich werden.

Schädlinge und Krankheiten:
- Blütenendfäule: die Früchte werden schwarz. Ursache ist oft Wassermangel.
- Blattwanzen: verursachen weiße und gelbe Flecken und Krüppelwuchs der Blätter. Mit einem Pestizid behandeln.
- Fruchtfäule: oft durch Pilzbefall bei Kontakt mit dem Substrat. Die Pflanzen sorgfältig stützen.

Küchentipp
Säen Sie doch Basilikum unter Ihre Tomaten. Dann brauchen Sie beim Einkauf nur noch an den Mozzarella zu denken.

Tomaten kann man in alle möglichen Behältnisse pflanzen, sogar in simple Substratsäcke aus dem Gartencenter (die sich leicht mit Bast- oder Bambusmatten verstecken lassen). Ehe Sie ein Pflanzgefäß aussuchen, sollten Sie herausfinden, wie groß die Pflanze Ihrer bevorzugten Sorte wird. Tomaten brauchen einen heißen, sonnigen Platz, aber bei Trockenheit bilden sie nur wenige Früchte. Es ist wichtig, dass das Pflanzgefäß genügend Dränagelöcher im Boden hat, denn bei zu viel Feuchtigkeit faulen die Wurzeln oder die Früchte platzen und faulen dann. Sobald sich Früchte bilden, sollten Sie die Pflanzen regelmäßig mit Tomatendünger versorgen. Ringelblumen, Kapuzinerkresse und Zwiebeln sind gute Nachbarn für Tomaten. Alle haben einen intensiven Geruch, der Fruchtschädlinge hoffentlich auf Abstand hält.

Groß oder klein?
Anhand der Fruchtgröße unterscheidet man zwischen Kirschtomaten, Standardtomaten in mittlerer Größe und großen Fleischtomaten. In allen drei Gruppen gibt es verschiedene Formen, beispielsweise längliche und herzförmige Früchte. Außerdem unterscheiden sich die Sorten auch im Pflanzenwuchs. Manche bilden nur einen hohen Haupttrieb, andere wachsen buschig, wieder andere haben hängende Triebe.

Strauchtomaten brauchen selten Stützen und müssen nicht ausgegeizt werden. Manche Sorten werden nur 30 cm hoch und wachsen gut in großen Kästen oder Töpfen. Einige Sorten tragen sehr aromatische, länglich-runde Früchte.

Tomatenblüten

Kirschtomaten

Reifende Tomaten

Rispentomaten

Hängende Tomaten eignen sich ausgezeichnet für Kästen an der Balkonbrüstung und sogar für hängende Ampeln. Viele Sorten tragen aromatische, etwa kirschgroße Früchte.

Rispentomaten sind besonders beliebt. Sie müssen gestützt oder an einer gespannten Schnur befestigt werden. Praktisch sind auch spezielle Tomatenstäbe in Spiralform. Wenn sich vier Frustrispen gebildet haben, sollten Sie die Spitze des Haupttriebs abknipsen.

Empfehlenswerte Sorten

Das Sortenangebot ist bei Saatgut und Jungpflanzen beeindruckend. Vielleicht möchten Sie neben Salattomaten auch einmal Fleischtomaten anpflanzen? Die folgenden Sorten haben sich bewährt:

Kirschtomaten: 'Gardener's Delight', 'Super Sweet 100' und 'Tumbler'
Mittelgroße Früchte: 'Alicante', 'Moneymaker' und 'Shirley'
Fleischtomaten: 'Super Marmande' und 'Supersteak'

AUBERGINEN Wenn Sie auch anderes Fruchtgemüse wie Auberginen pflanzen, können Sie mit Zutaten aus eigener Ernte Gerichte wie eine Ratatouille kochen. Auberginen können zeitig im Frühjahr im Haus aus Samen gezogen werden. Später werden sie in ein großes Gefäß mit gutem Universalsubstrat gepflanzt. Vom Frühsommer an dürfen sie an einem warmen, sonnigen, windgeschützten Platz im Freien stehen. Besonders schmackhafte Sorten sind 'Baby Rosanna', 'Florida High Bush' und 'Money Maker'. Wenn die Pflanzen höher werden, müssen sie mit Stäben gestützt oder an gespannten Schnüren befestigt werden. Regelmäßig gießen und alle zwei Wochen mit einem kaliumbetonten Dünger versorgen. Vom Hochsommer an kann geerntet werden.

Aubergine & Studentenblume

Paprika

GEMÜSEPAPRIKA Paprika sind eng mit Chilis verwandt, schmecken aber viel milder. Am besten sät man sie im Frühling in kleine Töpfe mit Universalsubstrat und zieht sie im Haus vor. Lohnende Sorten sind zum Beispiel 'Kaibi Round' und 'Mandarin'. Wenn die Pflanzen im Sommer ins Freie umziehen sollen, müssen sie vorher abgehärtet werden. Höhere Pflanzen sollten Sie mit Stäben stützen oder an gespannten Schnüren befestigen. Vom Spätsommer bis Mitte Herbst können Sie ernten.

Kartoffelblüten

Kartoffeln wachsen problemlos in einem großen Kübel auf dem Balkon oder Dachgarten. Erntefrisch schmecken sie viel besser als gekaufte Kartoffeln, und ihr üppiges, leuchtend grünes Laub gibt für andere Zier- und Nutzpflanzen einen schönen Hintergrund ab.

KARTOFFELN

Wer selbst Kartoffeln pflanzt, hat die Möglichkeit, auch Sorten kennenzulernen, die im Laden selten zu bekommen sind. Probieren Sie doch einmal die großen Knollen der Sorte 'King Edward' oder die kleinere Salatkartoffel 'Charlotte'.

Im Gartenbeet sind Kartoffeln verrufen dafür, dass sie Schnecken und andere Schädlinge anlocken. Zum Glück treten solche Probleme im Balkon- oder Dachgarten viel seltener auf. Allerdings kann sich Unkraut ansiedeln und den Kartoffelpflanzen das Leben schwer machen. Es ist zwar möglich, Kartoffeln aus Samen zu ziehen, aber üblicher und einfacher ist es, spezielle Pflanzkartoffeln zu kaufen – wenn möglich, aus biologischer Produktion.

Muss ich meine Kartoffeln vorkeimen?

Das Vorkeimen ist ausgesprochen sinnvoll, um einen Zeitvorsprung zu gewinnen. Bei späten Sorten kann darauf verzichtet werden, aber für Frühkartoffeln und Salatkartoffeln ist dieses Verfahren empfehlenswert.

Pflanzkartoffeln haben am stumpferen Ende mehrere »Augen«. Setzen Sie die Kartoffeln so in Eierkartons, dass dieses Ende nach oben zeigt. Dann stellen Sie die Kartons an einen hellen Platz. Wenn die Keime etwa 1,5 bis 2,5 cm lang sind, können die Kartoffeln gepflanzt werden.

Frisch geerntete Kartoffeln

Kartoffeln vorkeimen

Gesundes Kartoffellaub

Kartoffeln pflanzen

Kartoffeln wachsen am besten in großen Gefäßen. Sie können dafür beispielsweise einen alten Waschzuber oder sogar eine ausgemusterte Mülltonne verwenden. Besorgen Sie reichlich gutes Universalsubstrat und einen verlässlichen Allzweckdünger. Stellen Sie Ihre Kartoffeltonne an einen Platz, der reichlich Sonne bekommt, und gießen Sie regelmäßig. Zu nass darf das Substrat aber nicht sein, sonst faulen die Knollen. Bei unregelmäßiger Wasserversorgung bilden sich häufig missgestaltete Knollen.

Wenn die Pflanzen blühen, können Sie mit der Ernte beginnen. Ich finde es wunderbar, einfach mit der Hand in die Erde zu greifen und frische Kartoffeln herauszuholen – auch wenn die Finger dabei schmutzig werden.

Gute Sorten

Mehlige Kartoffelsorten eignen sich gut für Püree und Folienkartoffeln, feste sind ideal für Salate. Hier folgen einige verlässliche Sorten:

Frühkartoffeln: 'Accent', 'Red Duke of York' und 'Swift'
Mittelfrühe: 'Charlotte', 'Estima' und 'Kestrel'
Haupternte: 'Desirée', 'King Edward' und 'Picasso'

Kurz gefasst: Kartoffeln

Pflanzung: Mitte bis Ende Frühjahr

Pflege
- Regelmäßig ausreichend gießen.
- Zwei Wochen nach der Pflanzung einen Dünger mit hohem Kalium- und Phosphorgehalt geben.
- Wenn sich Blüten zeigen, die Wasserversorgung erhöhen.

Ernte:
- Frühe und mittelfrühe Sorten ernten, wenn sie blühen (zwischen Hochsommer und Spätsommer). Spätere Sorten etwa 15 Tage nach Ende der Blüte ernten.

Schädlinge und Krankheiten:
- Krautfäule: dunkle Flecken auf den Blättern. Befallene Blätter vernichten.
- Schorf: korkige Stellen an den Pflanzen. Diese Pflanzen sind durstig – das Gießen nicht vernachlässigen.

MÖHREN SÄEN Am besten gedeihen Möhren zwar im Gartenbeet, doch mit Sorten wie 'Mignon' und 'Parmex', die relativ kurze Wurzeln bilden, können Sie auch im Balkongarten einen Versuch wagen. Mischen Sie Universalsubstrat mit einem Allzweckdünger und etwas grobem Sand, weil Möhren lockeren, durchlässigen Boden brauchen. Wenn das Pflanzgefäß groß genug ist, können Sie Reihen in Abständen von 15 cm säen. Sobald die Sämlinge sich gut fassen lassen, werden sie auf Abstände von etwa 8 cm ausgedünnt. Acht Wochen später können sie geerntet werden. Achten Sie vor allem bei ebenerdigen Terrassen oder niedrigen Balkonen auf die Möhrenfliege, die vom Geruch der Blätter angelockt wird. Die Weibchen legen im Spätfrühling Eier an den Wurzeln ab, und die Larven können erheblichen Schaden anrichten. Gießen Sie regelmäßig, sonst kann es passieren, dass die Wurzeln platzen.

Möhren ernten

Zucchini wachsen rasch und füllen schnell ihren Kübel. Sie tragen leuchtend gelbe Blüten und große, frisch grüne Blätter, die einen schönen Hintergrund für andere Pflanzen in Ihrem Balkongarten bilden.

ZUCCHINI

Zucchini sind das ideale Gemüse für Gartenneulinge, weil man mit ihnen fast nichts falsch machen kann. Selbst auf dem Balkon bringen sie stattliche Ernten. Allerdings können die Pflanzen recht groß werden – das sollten Sie bedenken, wenn Sie nicht viel Platz auf dem Balkon haben. Andererseits gibt es Saatgut für viele kleinere Sorten, die sich im Kübel nicht zu breit machen.

Zucchini ziehen

Wie die meisten Gemüsearten haben auch Zucchini gern einen sonnigen, windgeschützten Platz. Kälte vertragen sie schlecht, darum dürfen sie nur ins Freie gepflanzt werden, wenn keine Frostgefahr mehr besteht. Am besten ziehen Sie die Pflanzen im Haus aus Samen heran und setzen sie in größere Kübel im Freien, wenn es draußen warm genug ist.

Es ist wichtig, ein durchlässiges Substrat zu verwenden, weil die Zucchinipflanzen regelmäßig gegossen werden müssen. Wenn sich im Sommer Blüten bilden und die Früchte anschwellen, brauchen die Pflanzen noch mehr Wasser. Halten Sie die Augen nach Schnecken offen – sie sind ganz wild auf Zucchini. Ein guter Schutz sind Kupferfüße unter den Kübeln oder Kupferringe, die um den unteren Rand gelegt werden. Manche Gärtner verteilen zerdrückte Eierschalen um die Pflanzen, aber damit hatte ich bisher keinen großen Erfolg. Lassen Sie Zucchini nicht zu groß werden. Am besten schmecken sie, wenn sie etwa 10–15 cm lang sind.

Gute Sorten

Neben grünen Sorten wie 'All Green Bush', 'Nero Milan' und 'Patio Star' gibt es auch Sorten mit gelben Früchten, beispielsweise 'Buckingham' und 'Jemma F1'.

KÖSTLICHE ZUCCHINIBLÜTEN Zucchini gehörten zu den ersten Gemüsesorten, die ich angepflanzt habe, weil ich unbedingt Blüten für die Küche haben wollte. Meiner Meinung sind sie das Beste an der ganzen Pflanze. Man kann sie nicht kaufen, aber sie schmecken köstlich und hinterlassen als Vorspeise bei Gästen großen Eindruck.

Kurz gefasst: Zucchini

Aussaat und Pflanzung: Aussaat im Spätfrühling bis Frühsommer, Pflanzung im Frühsommer.

Pflege:
- Reichlich gießen, vor allem, wenn die Pflanze blüht. Regelmäßig düngen.

Ernte:
- In der Hochsaison können Sie dreimal wöchentlich ernten.
- Manche Sorten tragen schon nach acht Wochen Früchte.
- Die Früchte nicht abbrechen, sondern mit einem Stück des Stiels abschneiden.

Schädlinge und Krankheiten:
- Schnecken: die Kübel auf Füßchen stellen. Salz oder zerdrückte Eierschalen um die Pflanzen streuen.
- Mosaikvirus: wird durch Insekten übertragen, lässt die Blätter gelb werden. Befallene Pflanzen vernichten, bevor sich der Befall ausbreitet.

KAPITEL 5

BALKONFREUDE RUND UMS JAHR

Das hätten wir: Der Balkon ist eingerichtet und fertig bepflanzt. Jetzt ist es Zeit, sich genüsslich zurückzulehnen und ganz entspannt darüber nachzudenken, welche liebevollen Kleinigkeiten noch fehlen, um aus dem Stadtbalkon einen wirklich einladenden Mini-Garten zu machen. Ein Grill für den Sommer oder Tisch und Stühle zum Essen an milden Sommerabenden – solche Details machen selbst aus dem winzigsten Balkongarten ein Paradies.

Balkone und Dachgärten in der Stadt sehen oft grau und trist aus, wenn sie von vielen Betonwänden umgeben sind. Auch der Blick auf die Stadt ist nicht immer beglückend. Nachdem Sie Kästen, Kübel und Töpfe ausgesucht und bepflanzt haben, sollten Sie sich den Accessoires zuwenden, die aus Ihrem Balkon ein stimmiges Ganzes mit wohnlichem Charakter machen: Tisch und Stühle, vielleicht ein Liegestuhl oder auch eine Hängematte.

MÖBEL

WAS GEHT?

Kunstrasen

Bistrotische und -stühle

Liegestühle

Hängematten

Effektmalereien

Sonnenliegen

Kissen und Decken

Nostalgische oder recycelte Pflanzgefäße

Wenn Sie das Angebot an Möbeln und dekorativem Zubehör studieren, werden Sie feststellen, dass es zahllose Möglichkeiten zur Ausstattung des Balkons gibt. Einige Aspekte sollten Sie aber bedenken, damit Ihre Möbel lange halten und gut aussehen. Schaffen Sie sich UV-beständige Möbel an, die durch Sonnenlicht nicht spröde werden. Außerdem sollten sie standfest sein, denn in der Höhe ist es fast immer windiger als in Bodennähe.

Stilvoll dekorieren

Nostalgische Accessoires wie Vogelkäfige, verglaste Laternen, Vintage-Gläser und kleine Flaschen geben Ihrem Balkon individuellen Charme. In Kapitel 3 finden Sie außerdem Vorschläge, wie sich unkonventionelle Gefäße zu Pflanzkübeln umfunktionieren lassen. Wenn Sie einen hässlichen Betonboden mit Kunstrasen bedecken (siehe Seite 46–47), wird aus dem Balkon im Nu ein grünes Zimmer. Sie könnten auch die Wände streichen. Überlegen Sie einfach, welche Atmosphäre Sie sich wünschen, und suchen Sie einen entsprechenden Farbton aus.

Mögen Sie mediterranes Flair? Dann streichen Sie doch die Wände in einem warmen Terrakottaton und stellen dazu passende Kästen und Kübel auf. Es erfordert nur ein bisschen Kreativität, um dem Balkon oder Dachgarten eine persönliche Atmosphäre zu verleihen.

Gartenmöbel richtig pflegen

- Schaffen Sie sich leichte, wasserdichte Hüllen an, um die Möbel bei schlechtem Wetter zu schützen.

- Wenn Ihr Balkon oder Dachgarten hoch liegt, befestigen Sie die Möbel bei starkem Wind oder holen Sie sie in die Wohnung.

- Metallmöbel regelmäßig feucht abwischen und auf Rost kontrollieren. Betroffene Stellen abschleifen und neu streichen.

- Holzmöbel jährlich ölen oder lackieren und dabei auf Holzfäule kontrollieren.

Sitzmöbel und Accessoires

Ihr Balkon wird im Handumdrehen behaglicher, wenn Sie Kissen auf den Sitzmöbeln verteilen – am besten in Farben, die gut zu denen Ihrer Pflanzen und Gefäße passen. Entscheiden Sie selbst, ob Sie lieber Kontraste oder Ton in Ton abgestimmte Farben mögen und spielen Sie auch mit verschiedenen Stoffen und Texturen. Wenn der Balkon klein ist, verwenden Sie Kissen in Farben, die auch in der Wohnung auftauchen, um eine visuelle Verbindung herzustellen.

Ein eigene Balkon oder Dachgarten bietet die wunderbare Möglichkeit, mit Freunden draußen zusammenzusitzen oder zu feiern. Stadtwohnungen sind oft klein, da ist ein zusätzliches Freiluftzimmer ein echter Zugewinn. Denken Sie dabei nicht nur an laue Grillabende im Sommer. Es ist auch herrlich, im Winter warm verpackt auf dem Balkon zu sitzen und dem Silvesterfeuerwerk zuzuschauen.

FEIERN MIT FREUNDEN

WAS GEHT?

Grill

Wimpel

Kissen und Tischdecken

Laternen mit dicken Kerzen

Lichterketten

Gläser mit hübschen Blumen

Kühlbox für Getränke

Samentütchen zum Verschenken

Nostalgische Tassen und Untertassen

In den meisten Fällen werden Sie einfach entspannt mit Freunden auf dem Balkon oder der Dachterrasse sitzen wollen. Aber ab und zu möchte man bei einem Grillabend oder einer Party auch richtig auftrumpfen. Dafür genügt es oft schon, sich etwas mehr Mühe mit der Beleuchtung, den Accessoires und anderen Details zu geben.

Grillabend und Kaffeeklatsch

Sie brauchen keinen Garten, um im Sommer zu grillen. Schaffen Sie sich einfach einen Grill an, der nicht zu wuchtig ist. Es gibt viele kompakte Modelle, manche sogar zum Zusammenklappen. Lesen Sie die Sicherheitshinweise des Herstellers aufmerksam und stellen Sie den Grill an einem geeigneten Platz auf. Ernten Sie dann am Nachmittag die essbaren Zutaten aus Ihren Kübeln und Kästen, die gegrillt oder für den Salat verwendet werden sollen. Für einen gemütlichen Kaffeeklatsch könnten Sie eine niedliche Wimpelkette aufhängen. Am schönsten sind natürlich Wimpel, die farblich gut zu Ihren Pflanzen passen. Schauen Sie sich einmal die Auswahl der Farben und Muster in einem gut sortierten Stoffgeschäft an.

Decken Sie den Tisch mit einer nostalgischen Gebäck-Etagere und Vintage-Geschirr mit verschiedenen Mustern. Kleine Cupcakes sehen auch auf alten Kuchenständern aus Metallflechtwerk bezaubernd aus. Hübsche Kissenbezüge und Tischdecken – vielleicht auf die Wimpel abgestimmt – machen das Ambiente perfekt. Stellen Sie hier und dort noch kleine Gläser mit Blüten oder Blättern aus Ihren Kübeln auf den Tisch.

HERZLICH WILLKOMMEN! Ein paar Teelichter und ein liebevoll gekochtes Menü können schon genügen, damit sich Gäste verwöhnt fühlen und sich noch lange an den Abend erinnern. Überraschen Sie Ihre Gäste doch auch mit Cocktails, die mit Zutaten aus eigenem Anbau zubereitet sind. Wenn Sie wenig Zeit haben, können Sie Minzeblättchen und andere Kräuter für Drinks und Getränke schon vorher einfrieren.

Party am Abend

Wenn Sie abends feiern, geben Sie sich Mühe mit der Beleuchtung. Mini-Lichterketten sind eine zauberhafte Dekoration. Sie müssen aber so angebracht werden, dass ihr Licht dorthin fällt, wo es benötigt wird – und ohne dass jemand an ihnen hängen bleiben kann. Auch farbige Papierlampions, die sich im Wind wiegen, sehen fantastisch aus. Wenn Sie möchten, können Sie Lichterketten und Lampions noch mit Blumen dekorieren.

Licht im Balkongarten ist unentbehrlich, um den Garten abends allein oder mit Gästen zu nutzen. Außerdem ist Licht ein hervorragender Stimmungsmacher – magisch, romantisch, beruhigend, ganz wie Sie mögen. Und es ist herrlich, bei Dunkelheit im Freien zu sitzen und den Blick über die Dächer der Stadt schweifen zu lassen.

BELEUCHTUNG

WAS GEHT?

Kerzen und Teelichter

Außenleuchten mit Batteriebetrieb

Farbiges Metall

Marokkanische Laternen

Lichterketten

Sturmlaternen im maritimen Stil

Boden-Lichtleisten

Solar- und LED-Leuchten

Bei der Auswahl der Beleuchtung sollten Sie zuerst überlegen, ob der Balkon als Erweiterung der Wohnung oder als separater Außenbereich wahrgenommen werden soll. Wenn auf Ihrem Balkon keine Außensteckdose installiert ist, können Sie entweder ein Verlängerungskabel durch ein offenes Fenster führen oder auf umweltfreundliche Solarleuchten ausweichen, die es inzwischen in großer Auswahl gibt. Ich habe mehrere solcher Leuchten auf meinem Balkon verteilt, um einzelne Pflanzen zu beleuchten. Wenn Sie sich für Solarleuchten entscheiden, probieren Sie verschiedene Höhen und Anordnungen aus. Sie könnten zum Beispiel mehrere Leuchten als Gruppe zu einer Pflanze stecken und weitere weiträumiger zwischen den Gewächsen verteilen. Eine Alternative sind Leuchten, die mit wiederaufladbaren Akkus betrieben werden.

Denken Sie bei der Beleuchtung auch an Ihre direkten Nachbarn: Sanftes Licht stört am wenigsten. Sie könnten sogar erwägen, sich eine Außen-Lichtleiste anzuschaffen, die auf dem Balkonboden installiert wird. Wenn der Balkon überdacht ist, sieht auch eine Laterne über dem Tisch toll aus. Mini-Lichterketten, die es auch mit LEDs gibt, sehen bezaubernd aus, wenn man sie um die Balkonbrüstung schlingt oder in Bäume hängt. Ich persönlich mag aber am liebsten Kerzen und kleine Windlichter. Zu besonderen Anlässen darf es sogar eine Themenbeleuchtung sein – vielleicht ein marokkanisches Gericht im Schein von durchbrochenen Metalllaternen? Zu einem maritimen Ambiente dagegen passen Lichterketten im Stil von Fischerkugeln.

TEELICHT-LATERNEN

Diese kleinen Laternen zum Aufhängen sind schnell gemacht. Wenn es beim ersten Versuch nicht perfekt klappt, probieren Sie es einfach noch einmal – die Mühe lohnt sich!

1 Kneifen Sie ein 40–50 cm langes Stück Draht ab. Die Länge richtet sich nach der gewünschten Größe der Aufhängeschlaufe. Biegen Sie auf etwa einem Drittel der Länge eine kleine Schlinge in den Draht. Nun den Draht fest um das Gewinde des Glases legen. Die Drähte müssen sich gegenüber der Schlinge kreuzen.

2 Die Drähte umeinander drehen. Das kürzere Ende umbiegen und abkneifen. Das längere Ende im großen Bogen über die Öffnung des Glases führen und durch die Schlaufe am Glasgewinde fädeln. Die Länge der Aufhängeschlaufe justieren.

3 Das Ende des Drahts mit den Fingern oder einer Zange umbiegen. Falls es zu lang ist, kneifen Sie es ab. Ein Teelicht ins Glas stellen, anzünden und das Glas aufhängen – fertig.

SIE BRAUCHEN

Kleine Schraubgläser

Biegsamen Silber- oder Kupferdraht

Seitenschneider

Teelichter

Beleuchtung

Gartenbesitzer haben jederzeit kleine, preiswerte Geschenke zur Hand – sehr praktisch, wenn ein Mitbringsel für eine spontane Einladung gebraucht wird! Auch Ihre Gäste erinnern sich gern an einen besonderen Abend in Ihrem Balkongarten, wenn sie zum Abschied ein kleines Geschenk mit nach Hause nehmen dürfen.

GESCHENKE AUS DEM GARTEN

WAS GEHT?

Braunes Packpapier zum Einwickeln

Bunte Bänder

Namensschildchen und Bindfaden

Bast in verschiedenen Farben

Samentütchen (von Zier- und Nutzpflanzen)

Geschenke aus eigener Ernte (z.B. Bohnen oder Chili)

Kleine Präsentschachteln

Mini-Pflanzen (z.B. kleine Farne, Efeu, Koniferen)

Schraubgläser zum Bepflanzen

Tonblumentöpfe

Seidenpapier

Pflanzen und Stecklinge aus dem Balkongarten oder Essbares aus eigener Ernte sind liebevolle Geschenke für gute Freunde. Mit etwas Fantasie lassen sie sich ganz persönlich gestalten, zum Beispiel mit einem handgeschriebenen Namensschild.

Geschenke zum Essen

Wenn Sie Gäste zum Essen haben, geben Sie ihnen doch eine Portion Gemüse aus eigener Ernte mit auf den Heimweg. Sie könnten zum Beispiel frische Bohnen in braunes Packpapier wickeln und mit farbigem Bast verschnüren oder Pappkärtchen an rote Chilis binden und mit feuerrotem Stift die Namen der Gäste darauf schreiben. Aber vielleicht möchten Sie lieber für jeden Gast eine persönliche Nachricht auf das Kärtchen schreiben oder darauf notieren, woher das Gemüse stammt? Bereiten Sie solche kleinen Geschenke vor, wenn Sie eine Balkonparty planen. Es ist eine Freude, die Früchte des Gartens mit Freunden zu teilen – und glauben Sie mir, Ihre Freunde werden dies zu schätzen wissen.

Noch mehr Geschenkideen

- Pflanzen Sie Efeu oder Frühlingsblüher in Pappschachteln. Kleben Sie Buchstaben auf die Schachteln und stellen Sie damit ein Wort oder einen Namen zusammen.

- Schenken Sie Ihren Gästen Tütchen mit Samen für Blumen oder Gemüse für den eigenen Balkon – mit farblich passenden Schleifen verziert.

- Kleine Sukkulenten wachsen in leeren Marmeladengläsern mit etwas Pflanzsubstrat; sie sehen auf dem Schreibtisch hübsch aus und erinnern Ihre Gäste lange an einen besonderen Abend bei Ihnen.

Bohnen-Päckchen

Pflänzchen in Gläsern

Bepflanzte Pappschachteln

Samentütchen, hübsch verpackt

TERRARIUM IM TOPF

So ein Mini-Terrarium ist ein hübsches Geschenk. Es kostet nichts (außer etwas Zeit), weil Sie nur recycelte Materialien brauchen und ist im Handumdrehen mit Stecklingen aus dem Balkongarten gemacht.

SIE BRAUCHEN

Kleine Blumentöpfe aus Ton

Kleine Plastikflaschen

Anzuchtsubstrat

Stecklinge (z.B. von Pelargonien)

Bewurzelungspulver

Naturbast oder Schnur

Pappschilder und Mini-Wäscheklammern

LIEBEVOLL VERZIERT Wenn Sie ein Mini-Terrarium verschenken möchten, sollten Sie es noch individuell verzieren. Binden Sie Bast oder Schnur in einer Farbe, die zum Stil der Freundin oder zur Pflanze passt, um den Flaschenhals. Daran befestigen Sie mit einer Mini-Wäscheklammer einen persönlichen Gruß oder ein Namensschild.

1 Bewahren Sie einige unbeschädigte, transparente Plastikflaschen auf. Sie sind leicht zu verarbeiten und geben den Pflanzen guten Schutz. Von jeder Flasche den Deckel abschrauben und den Boden abschneiden. Die Blumentöpfe mit Anzuchtsubstrat füllen und jeweils in die Mitte mit einem Stäbchen oder Löffelstiel ein Pflanzloch stechen.

2 Spätestens eine Woche vor der Feier Stecklinge von einer älteren Pflanze schneiden (siehe Seite 24), die kräftig und gesund ist. Sie muss so viele Triebe haben, dass sie keinen Schaden nimmt, wenn einige abgeschnitten werden. Um sicherzugehen, dass die Stecklinge schnell anwachsen, tunken Sie die Schnittfläche in ein Bewurzelungspulver und stecken sie dann in das vorgestochene Pflanzloch. Vorsichtig mit den Fingern andrücken und begießen.

3 Stellen Sie nun die Plastikflasche über den Steckling und drücken Sie den unteren, offenen Rand etwas ins Substrat.

Wenn der Frühling naht, bekommt man Lust, das Ende der kalten Jahreszeit zu feiern – zum Beispiel mit einem frisch bepflanzten Blumenkasten in lebhaften Frühlingsfarben. Dieser Kasten ist auch ein zauberhaftes Geschenk, und natürlich eignet er sich bestens als Osterdekoration.

FRÜHJAHRS-FENSTERKASTEN

Diesen Kasten habe ich mit Katzengras bepflanzt und mit bepflanzten Eierschalen dekoriert. Katzengras hat saftige, frisch-grüne Halme, die hervorragend zur Frühlingsstimmung passen. Sie können stattdessen auch Weizen verwenden. Ziehen Sie das Gras in kleinen Tontöpfen auf einer sonnigen Fensterbank im Haus vor. Jeden zweiten Tag gießen und einmal in der Woche etwas Bittersalz ans Gießwasser geben, um das Wachstum anzuregen. Wenn die Halme wachsen, werden sie regelmäßig gestutzt.

Eierschalen eignen sich bestens als »Anzuchttöpfe«. Die Schalen oben aufschlagen, ausleeren und gründlich waschen. Mit feuchtem Anzuchtsubstrat füllen, eine Vertiefung in die Mitte drücken und einige Samen darauf streuen. Mit Substrat bedecken und mit etwas Wasser beträufeln.

Eine »Schleife« aus Naturbast

SIE BRAUCHEN

Blumenkasten aus Metallgeflecht

Moos zum Auslegen

Universalsubstrat (und Anzuchtsubstrat für die Eierschalen)

Katzengras (oder Weizen)

Verschiedene Samen

Enteneier

NOCH MEHR FRÜHLINGSIDEEN Pflanzen Sie schon im Herbst Blumenzwiebeln für die Frühlingsdekoration. Tulpen, Narzissen und Hyazinthen sehen bezaubernd aus und brauchen wenig Zuwendung. Ein Hintergrund aus saftig-grünen Gräsern bringt die Blüten in leuchtendem Gelb, Blau und Violett erst richtig zum Strahlen. Stellen Sie den Kasten nach dem Bepflanzen zuerst eine Weile im Inneren auf. Regelmäßig gießen und ins Freie stellen, wenn das Wetter wärmer wird.

Frühjahrs-Fensterkasten

Nicht nur im Sommer können Sie sich an prächtigen Blumenkästen erfreuen. Es gibt viele wunderbare Blumen, die weit bis in die kühlere Jahreszeit hinein Blüten tragen. Ein herbstlicher Blumenkasten bietet Balkongärtnern eine Menge Möglichkeiten, die Saison ein bisschen zu verlängern, denn noch ist es warm genug, um zu pflanzen.

HERBSTLICHE KÜBEL

DIE PFLANZEN

Einjährige (z.B. Petunien und Verbenen)
Capsicum
Heidekraut
Strauchveronika
Kräuter (z.B. Salbei, Petersilie und Thymian)
Efeu
Moos (zum Auffüllen)
Zierkohl
Kürbisse
Silberkörbchen

Wenn sich der Sommer dem Ende zuneigt, lädt der Herbst mit seinen wunderbaren Farben dazu ein, den Balkon mit neuen Pflanzen zu schmücken. Informieren Sie sich aber vorher, welche Pflanzen Herbst und Winter unbeschadet überstehen. Die meisten Sommerblumen sind endgültig verblüht und können ersetzt werden. Einige lassen sich mit Dünger noch etwas bei der Stange halten, vertragen aber keinen Frost und brauchen entsprechenden Schutz. Ich rate dazu, mit der Herbstpflanzung zu warten, bis der Sommer wirklich vorbei ist und es die ersten Bodenfröste gab.

Die satten, intensiven Farben des Herbstes harmonieren am besten mit rustikalen Weidenkörben, Holzkisten oder alten Schubladen. Kürbisse, Zierkohl und einige *Capsicum*-Arten gedeihen gut in Kästen und Kübeln und können nun rechtzeitig für eine Halloween-Party gepflanzt werden. Auch Einjährige für die Herbstpflanzung gibt es zu kaufen. Petunien in Weiß, Gelb, Rot oder Violett blühen bis zum ersten Frost, und Verbenen halten in Blumenkästen bis weit in den Herbst hinein durch. Robusten Efeu gibt es in verschiedenen Farben von Dunkelgrün bis Silbrig. Und wer eine winterharte Bepflanzung sucht, sollte sich einmal bei den Kräutern umsehen.

NOCH MEHR PFLANZIDEEN Auch Sträucher und Zwiebelblumen zeigen im Herbst noch einmal viel her. Wie wäre es mit Strauchveronika oder *Euonymus europaeus* 'Red Cascade', der im Herbst feuerrote Blätter und Beeren trägt? Heidekraut blüht nie ganz auf und welkt erst nach der Bestäubung, darum halten die Blüten oft monatelang. Eine Augenweide ist auch die Herbstzeitlose mit ihren zarten Blüten in hellem Violett.

Strauchveronika & Zierkohl in einer alten Schublade

131
Herbstliche Kübel

Um die Adventszeit darf auch der Balkongarten in festlichem Glanz erstrahlen. Der liebevoll bepflanzte Kasten sieht tagsüber aus wie eine Winterlandschaft und wird abends ins weiche Licht der brennenden Kerzen getaucht. Besucher freuen sich, wenn sie an der Wohnungstür von einem duftenden Adventskranz aus Kräutern begrüßt werden.

WEIHNACHTSDEKORATIONEN

WAS GEHT?

Für den Blumenkasten
Chamaecyparis und
Heidekraut
Schiefersplitt
Kunstschnee
Girlande
Tannenzapfen und
Christbaumkugeln

*Für die Tisch-
dekoration*
Ilex, Efeu und
Tannenzapfen
Metallbecher mit
Teelichtern

Der Advents-Blumenkasten ist ein bezaubernder Schmuck für den Balkon. Mit den drei kleinen Zypressen wirkt er wie ein Miniatur-Wäldchen, das zu einer idyllischen Winterlandschaft herausgeputzt ist. Der Kasten kann Teil einer festlichen Tischdekoration auf dem Balkon sein oder in die Wohnung geholt werden. Für die Tischdekoration habe ich Tannenzapfen mit vielen kleinen, nostalgischen Christbaumkugeln und Kunstschnee kombiniert. Eine rote Girlande bildet einen lebendigen Kontrast zu den ruhigeren Braun- und Grüntönen. Am Abend bringt das warme Licht der Teelichter in den Metallbechern den Kunstschnee zum Glitzern.

Kinder haben an dieser Dekoration Freude, wenn Sie kleine Figuren dazustellen, vielleicht Rentiere, einen Nikolaus, Wichtel oder Feen. Und gegen Süßigkeiten oder Päckchen mit kleinen Geschenken haben sie bestimmt auch nichts einzuwenden.

KRÄUTER-ADVENTSKRANZ Es ist gar nicht schwer, einen festlichen Adventskranz zu basteln. Sie brauchen dafür einen Rohling aus Steckschaum und vier verschiedene Kräuter. Ideal sind Kräuter mit festen, verholzten Stielen, z.B. Salbei, Thymian, Lavendel und Rosmarin, die sich leicht in den Schaum stecken lassen. Den Kranzrohling in Wasser legen, dann mit Kräutern bestecken und an die Wohnungstür hängen.

Kräuter-Adventskranz

Balkonfreude rund ums Jahr

GRÜNES TAGEBUCH

Frühling	Sommer

Herbst	Winter

PFLANZENVERZEICHNIS

Rittersporn und Rosen

Artischocke (*Cynara cardunculus Scolymus*-Gruppe)
Aubergine (*Solanum melongena*)
Ballonblume (*Platycodon*)
Basilikum (*Ocimum basilicum*)
Basilikum-Minze (*Mentha × piperita citrata* 'Basil')
Berg-Bohnenkraut (*Satureja montana*)
Besenheide (*Calluna vulgaris*)
Bohnenkraut (*Satureja hortensis*)
Borretsch (*Borago officinalis*)
Bronzeblättriger Fenchel (*Foeniculum* var. *vulgare* 'Purpureum')
Bubikopf (*Soleirolia soleirolii*)
Buchsbaum (*Buxus sempervirens*)
Chili (*Capsicum annuum Longum*-Gruppe)
Dill (*Anethum graveolens*)
Duft-Veilchen (*Viola odorata*)
Duftwicke (*Lathyrus odoratus*)
Efeu (*Hedera*)
Erdbeere (*Fragaria × ananassa*)
Estragon (*Artemisia dracunculus*)
Fenchel (*Foeniculum vulgare*)
Fingerhut (*Digitalis*)
Flieder (*Syringa*)

Flockenblume (*Centaurea cyanus*)
Gelbblättriger Majoran (*Origanum vulgare* 'Aureum')
Gemüsepaprika (*Capsicum species*)
Glattblättrige Petersilie (*Petroselinum crispum* var. *neapolitanum*)
Goldrohrbambus (*Phyllostachys aurea*)
Hartriegel (*Cornus*)
Hasenschwanzgras (*Lagurus ovatus*)
Heide (*Erica*)
Heidelbeere (*Vaccinium corymbosum*)
Hyazinthe (*Hyacinthus*)
Ingwer (*Zingiber officinale*)
Jasmin (*Jasminum*)
Kaffir-Limette (*Citrus hystrix*)
Kamelie (*Camellia sinensis*)
Kamille (*Matricaria recutita*)
Kartoffel (*Solanum tuberosum*)
Katzengras
Katzenminze (*Nepeta*)
Kerbel (*Anthriscus cerefolium*)
Kleines Basilikum (*Ocimum tenuiflorum*)
Kletterhortensie (*Hydrangea petiolaris*)
Knoblauch (*Allium sativum*)

Dachwurz

Schopflavendel

Kohl (*Brassica oleracea* var. *capitata*)
Kopfsalat (*Latuca sativa*)
Koriander (*Coriandrum sativum*)
Krausblättrige Petersilie (*Petroselinum* var. *crispum*)
Kumquat (*Citrus japonica*)
Kürbis (*Cucurbita maxima*)
Lampenputzergras (*Pennisetum setaceum* 'Rubrum')
Lavendel (*Lavandula angustifolia*)
Lilie (*Lilium*)
Lorbeer (*Laurus nobilis*)
Löwenmäulchen (*Antirrhinum*)
Lupine (*Lupinus*)
Mähnen-Gerste (*Hordeum jubatum*)
Majoran (*Origanum majorana*)
Marokkanische Minze (*Mentha spicata* 'Moroccan')
Minze (*Mentha*)
Mizuna (*Brassica rapa* var. *japonica*)
Möhre (*Daucus carota*)
Muskatgarbe (*Achillea ageratum*)
Narzisse (*Narcissus*)
Orangenthymian (*Thymus fragrantissimus*)
Oregano (*Origanum vulgare*)
Paprika (*Capsicum-annuum-grossum*-Gruppe)
Passionsblume (*Passiflora*)
Perückenstrauch (*Cotinus coggygria* 'Royal Purple')
Pfefferminze (*Mentha* × *piperita*)
Portulak (*Claytonia perfoliata*)
Prunkbohnen (*Phaseolus coccineus*)

Radieschen (*Raphanus sativus*)
Rose (*Rosa*)
Rosmarin (*Rosmarinus officinalis*)
Rotstielige Apfelminze (*Mentha* × *gracilis* 'Madalene Hill')
Salbei (*Salvia officinalis*)
Sauerampfer (*Rumex acetosa*)
Schalotte (*Allium cepa* var. *aggregatum*)
Schlüsselblume (*Primula vulgaris*)
Schmetterlingsstrauch (*Buddleja davidii*)
Schneebeere (*Vaccinium*)
Schnitt-Knoblauch (*Allium tuberosum*)
Schnittlauch (*Allium schoenoprasum*)
Schopflavendel (*Lavandula stoechas*)
Schwarzrohrbambus (*Phyllostachys nigra*)
See-Mannstreu (*Eryngium maritimum*)
Seerose (*Nymphaea*)
Senfkohl (*Brassica juncea*)
Simse (*Scirpus cernuus*)
Skabiose (*Scabiosa*)
Sonnenblume (*Helianthus annuus*)
Sonnenhut (*Echinacea*)
Stechpalme (*Ilex*)
Sternanis (*Illicium verum*)
Strauchbasilikum (*Ocimum minimum*)
Tagetes (*Tagetes*)
Thymian (*Thymus vulgaris*)
Tomate (*Lycopersicon* var. *esculentum*)
Tulpe (*Tulipa*)
Wasserhyazinthe (*Eichhornia crassipes*)
Wassersalat (*Pistia stratiotes*)
Wilde Rauke (*Diplotaxis tenuifolia*)
Wurzelpetersilie (*Petroselinum crispum* Radicosum-Gruppe)
Zierkohl (*Brassica oleracea*)
Zitronengras (*Cymbopogon citratus*)
Zitronenmelisse (*Melissa officinalis*)
Zitronenthymian (*Thymus citriodorus*)
Zucchini (*Cucurbita pepo*)
Zwiebel / Frühlingszwiebel (*Allium cepa*)
Zypergras (*Cyperus eragrostis*)

GLOSSAR

Alkalisch Boden oder Substrat, dessen pH-Wert über 7 liegt. Wird gelegentlich auch als basisch bezeichnet.

Alpine Pflanzen Pflanzen, die im Hochgebirge heimisch sind und in felsigem Gelände gedeihen.

Ausläufer Jungpflanzen, die sich bilden, wenn lange Triebenden bei Bodenkontakt Wurzeln bilden (Erdbeeren sind ein typisches Beispiel).

Ausputzen Das Entfernen verwelkter Blüten (aus optischen Gründen und um die Bildung neuer Blüten anzuregen).

Bestäubung Die Übertragung von Pollen von den männlichen Organen einer Blüte auf die weiblichen. Voraussetzung zur Bildung von Samen.

Bewurzelungshormon Ein pulverförmiges oder flüssiges Hilfsmittel, das die Wurzelbildung von Stecklingen anregt.

Bodendecker Pflanzen, die sich durch Ausläufer oder lange Triebe schnell flächig ausbreiten.

Dränage Durchlässigkeit des Bodens. Wenn überschüssiges Wasser nicht abfließen kann, faulen die Wurzeln und die Pflanze stirbt ab.

Dünger Organische oder anorganische Produkte zur Anreicherung des Substrats mit Nährstoffen.

Einjährige Pflanzen, die innerhalb eines Jahres keimen, wachsen, blühen, Samen bilden und absterben.

Formschnitt Gezielter Rückschnitt von Gehölzen, um ihnen eine bestimmte Form zu geben (z. B. Kugel). Wird vorwiegend bei kleinblättrigen Immergrünen wie Buchsbaum angewandt.

Frost Temperaturen unter 0 °C. Manche Pflanzen sterben bei Frost ab.

Fungizid Chemischer oder biologischer Wirkstoff zur Bekämpfung von Pilzbefall an Pflanzen.

Glocke Transparente Haube zum Schutz von Pflanzen, z. B. vor Kälte.

Halbschatten Bereiche, die einige Stunden, aber nicht den ganzen Tag lang Sonne bekommen, oder die durch andere Elemente (z. B. Laubbäume) teilweise beschattet werden.

Herbizid (Unkrautbekämpfungsmittel) Produkt zur Bekämpfung unerwünschter Pflanzen.

Immergrüne Pflanzen, die auch im Winter ihr Laub nicht abwerfen. Absterbende Blätter fallen vereinzelt rund ums Jahr ab.

Insektizid Chemischer oder biologischer Wirkstoff (Pestizid) zum Abtöten oder Vertreiben von schädlichen Insekten.

Keimung Der Beginn des Wachstums in einem Samenkorn.

Kletterpflanzen Pflanzen, die an Mauern oder Spalieren in die Höhe wachsen.

Knolle Verdicktes, unterirdisches Speicherorgan einer Pflanze.

Kokosfaser-Substrat Erdfreies Substrat aus Kokosfasern, das als umweltfreundlicher Ersatz für Torf dient.

Organisch Dünger und andere Produkte, die aus biologischen Rohstoffen gewonnen werden.

Panaschiert Blätter, die ein Muster in einer anderen Farbe tragen (z. B. weiß oder gelb).

Perlite Granulat aus vulkanischem Gestein, das Pflanzsubstraten zugesetzt wird, um die Dränage und das Wasserhaltevermögen zu verbessern.

Pestizid Pflanzenschutzmittel bzw. chemisches Produkt zur Bekämpfung von Schädlingen (dann auch Biozid genannt).

Rost Pilz, der sich durch rötlich-braune Flecken auf den Blättern äußert.

Rückschnitt kranker oder abgestorbener Triebe. Das Zurückschneiden der Triebe regt meist den Neuaustrieb oder die Blütenbildung an.

Saatrille Traditionell sät man Gemüse in Rillen, weil sich in Reihen angeordnete Pflanzen leichter unkrautfrei halten lassen.

Säen Das Ausstreuen oder Eingraben von Samen, um neue Pflanzen heranzuziehen.

Sämling Eine Jungpflanze in ihrer ersten Wachstumsphase.

Schießen Vorzeitige Blüte und Samenbildung als Reaktion einer Pflanze auf ungünstige Bedingungen, z.B. große Hitze und Trockenheit.

Sommerblumen Meist schnell wachsende, reich blühende Einjährige zur Bepflanzung von Kübeln, Kästen und Töpfen.

Staude Eine Pflanze, die mehrere Jahre lebt. Die oberirdischen Teile sterben im Winter meist ab. Die Wurzel treibt in der folgenden Saison wieder aus.

Steckling Teil einer älteren Pflanze (z. B. Blatt, Stiel, Wurzel), aus dem eine neue Pflanze herangezogen werden kann.

Strauch Pflanze, deren Triebe verholzen, die aber keinen Hauptstamm bildet.

Sukkulenten Pflanzen, die in fleischig verdickten Blättern oder Stielen Wasser speichern. Die äußere Schicht dieser Teile ist oft ledrig oder wachsartig, um die Verdunstung zu reduzieren.

Torf Nährstoffreiche Überreste abgestorbener Moorpflanzen mit einem guten Wasserhaltevermögen. Wurde früher zur Bodenverbesserung verwendet, kann aber den pH-Wert des Bodens verändern. Heute werden aus ökologischen Gründen meist Kokosfaserprodukte verwendet.

Universalsubstrat Abgepackte »Blumenerde«, die meist auch Sand, Humus und pflanzliche Faserstoffe enthält.

Wassergarten Ein künstlich angelegter Teich oder ein Wasserbecken zur Pflanzung von Wasser- und Sumpfpflanzen.

Wildpflanzen Pflanzen, die ohne Zutun des Menschen wachsen und sich vermehren.

Winterharte Pflanze Pflanze, die Minusgrade unbeschadet übersteht.

Winterharte Einjährige Einjährige, die Frost verträgt.

Wuchern Aggressives Wachstum mancher Pflanzen, durch das andere Pflanzen beengt oder verdrängt werden.

Wurzelballen Das Wurzelwerk einer Pflanze einschließlich des daran haftenden Substrats.

Zimmerpflanze Pflanze, die in der Wohnung im Topf gehalten wird.

Zweijährige Pflanzen, die im ersten Jahr keimen und Blätter bilden, im zweiten Jahr blühen, Samen bilden und absterben.

ADRESSEN

Möbel, Dekoration, Accessoires

Antik List-Petersen
www.antik-list-petersen.de

The Balcony Gardener
www.thebalconygardener.com
Onlineshop der Autorin
Isabelle Palmer

Blumenberg GmbH
www.blumenberg-gmbh.de

BUND Laden
www.bundladen.de
Onlineshop des BUND (Bund für Umwelt und Natur Deutschland)

Car Selbstbaumöbel
www.car-Moebel.de

Country Garden Versand GmbH
www.country-garden.de

Das Lagerhaus
www.daslagerhaus.de

Die Gartengalerie
www.diegartengalerie.de

Die Haus & Garten Galerie
www.hug-galerie.com
auch Wasserspeier & Brunnen

Fausto GmbH & Co. KG
www.fausto.de
Hans Günter Grimm Import

Garpa
www.garpa.de

Garten Lunge
www.garten-lunge.de

Ikea
www.ikea.de

D. Leffler, Provert & Rebus
www.metallbau-leffler.de
Spaliere, Pflanzenstützen

Licht und Lampen Tina Maiwald
www.lichtundlampen.info
Klassik-Leuchten, mediterrane Laternen, Schinkel-Leuchten

LuzArt
www.luzart.de
Neue Terrakottaleuchten

Manocasa
www.manocasa.de
auch Gartenbeleuchtung (z. B. Leuchtschnecken aus GFK)

NaturaGart
www.naturagart.de
Gartenteich-Spezialist, Wasserpflanzen

Neuland
www.neuland-shop.de

Oase Pumpen
www.oase-teichbau.de
Teichpumpen und -beleuchtung

Obelisk
www.der-obelisk.de

Octopus
www.octopus-moebel.de

Richard Ward
www.gartenbedarf-versand.de

Royal Garden über MWH-Metallwerk Helmstadt
www.mwh-gartenmoebel.de
Möbel aus Metall

TerraFlora
www.terraflora.de

Töpferei Kröner
www.toepferei-kroener.de
Handgemaltes Keramikgeschirr

Unopiù
www.unopiueuropa.de

Pflanzen

Albrecht Hoch
www.albrechthoch.de
Blumenzwiebeln, Päonien, Taglilien

Alte Gärtnerei
www.die-alte-gaertnerei.de
Pelargonien

Bakker Holland
www.bakker-holland.de
Pflanzen, Düngemittel, Gelkristalle

Baldur-Garten
www.baldur-garten.de
Pflanzen, Blumenzwiebeln

Bambus-Kultur
www.bambus-info.de
Bambuspflanzen, Bambus- und Granitartikel

BEPA Direkt
www.saat-shop.de
Sämereien, Kräuter

Berghof-Kräuter GmbH
www.berghof-kraeuter.de
Kräuter

Blumensamen-Shop.de
www.blumensamen-shop.de
Sämereien, Kräuter

Clematiskulturen
Friedrich M. Westphal
www.clematis-westphal.de
Clematis

Der Samenladen
www.samenladen.de
Sämereien, Kräuter

Dieter Gaißmayer
www.gaissmayer.de
Winterharte Stauden

Exotischer Garten
www.exoga.de
Exotische Pflanzen und Samen-Raritäten

Gartenbau Dieter Stegmaier
www.pelargonien-stegmaier.de
Pelargonien

Gärtner Pötschke
www.gaertner-poetschke.de
Pflanzen, Sämereien, Zubehör, Accessoires

Gustav Schlüter
www.garten-schlueter.de
Sämereien, Pflanzen, Zubehör

Hans-Peter Atrops
www.baumschule-atrops.de
Buchsbaum u.a.

Karl Otto Schütt
www.historische-rosen-schuett.de
Rosen

Keimzeit Saatgut-Fachversand
www.keimzeit-saatgut.de
Sämereien

W. Kordes Söhne
www.kordes-rosen.com
Rosen

Krieger GewächshausCenter
www.kriegergmbh.de
Gewächshaus-Center

Lacon GmbH
www.lacon-rosen.de
Lenzrosen, Rosen u.a.

Michael von Allesch
www.kamelie.net
Kamelien

Pflanzen aus der Baumschule
www.pflanzmich.de
Buchsbaum etc.

Rosen Jensen
www.rosen-jensen.de
Rosen, Clematis

Rosenhof Schultheiß
www.rosenhof-schultheiß.de
Rosen, Clematis

Rosenschule Ruf
www.rosenschule-ruf.de
Rosen

Rosen-Union
www.rosenunion.de
Rosen im Container

Rühlemann's
www.ruehlemanns.de
Kräuter

Samen Schröder
www.samen-schroeder.de
Sämereien

Seerosenfarm Oldehoff
www.seerosen.de
Seerosen, Wasserpflanzen

Thompson & Morgan
www.thompson-morgan.de
Saatgut für Zierpflanzen, Kräuter und Gemüse

Uwe Knöpnadel
www.friesland-staudengarten.de
Hosta, Taglilien, Iris

Zaubergarten der Düfte
www.duftzaubergarten.de
Duftpflanzen

INDEX

Kursiv gedruckte Seitenzahlen verweisen auf Abbildungen. In diesem Buch werden hauptsächlich deutsche Pflanzennamen verwendet.

A
Accessoires 52, 62, 116–117
Adventsdekoration 132–133
Algenextrakt 88
Aloe 77
– *Aloe vera* 92, 93
Alpenveilchen 64
Alpine Pflanzen 74–75
Alyssum, siehe Steinkraut 56
Anemone 50
Artischocken 50
Aubergine 83, 107
– Curry mit Auberginen 91
Ausputzen 25
Azalee 52

B
Ballonblume 37
Bambus 29
– Goldrohrbambus 38
Basilikum 49, 83, 84, 88
– 'Dark Opal' 84
– grünes 97
– rotblättriges 84, 97
– Thai-Basilikum 90
Begrünte Wände 78–79
Beleuchtung 10, 29, 30, 120–123
– Eingangsbereich 65
Bienen 54
Bienenhaltung 55
Blattformen, interessante 34, 35
Blattsalate 46, 49, 72–3, 82, 83, 98–99
Blattwanzen 104
Blauschwingel 41, 62
Blickfang 30, 50
Blumenkästen
– Adventszeit 132
– Cocktails 94–95
– Currys 90–91
– duftende 56–57
– Frühling 128–129
– Halterungen 13
– immergrüne 44–45
– Kräuter 86–87
– mediterranen 84–85
 siehe auch Pflanzgefäße
Blütenendfäule 104

Bodenbeläge 30
Brathähnchen 87
Buchsbaum 10, 29, 40, 44–45

C
Calocephalus 130
Chamaecyparis, kleinwüchsiges 132
Chili 83, 84, 90
Chutney, Tomaten 85
Cocktails, Blumenkasten für 94–95
Cotoneaster 28
Country-Garten 50–53
– Country-Stil 52, 53
– Gemeinschaftsgärten 46
Currykraut 84

D
Dachwurz 18, 41, 64
Decken 30
Dekoration 29–31, 116–117
Dill 83, 88, 92
Dränage 17, 66, 71
Duftblattpelargonien 56
Duftende Pflanzen 56–57
Duftwicken 50
Düngen 24, 82, 88

E
Efeu 29, 45, 76–77, 130
Eichhörnchen, Probleme mit 103
Eierschalen gegen Schnecken 112
Eingangstür, Dekoration mit Kübeln 64–65
Erbsen 83
Erdbeeren 77, 94, 102–103
Escallonia 28
Essbare Geschenke 124–125
Estragon, französischer 86
Eukalyptus 56

F
Farbgestaltung 10, 20–21, 34, 36
Farne 29, 50, 59, 77
Federborstengras 39
Fenchel, bronzeblättriger 88
– festliche, abends 118
– Teelichter 118, 120, 122–123, 133
Fingerhut 50
Flieder 50
Fruchtfäule 104

Frühling 26–27, 128–129
Frühlingszwiebeln 83, 100–101

G
Gabionenkorb 74
Gardenie 56
Gemeinschaftsgarten 46–49
Gemüse 10, 49, 82–85
Gemüsepaprika *siehe* Paprika
Genehmigung für die Anlage eines Dachgartens 10
Geschenke aus dem Balkongarten 124–127
Gießen 24, 29, 66
Gießkannen 13
Glockenblume 76–77
Gräser, Zier- 28, 34, 35, 39, 64
Grauschimmel 99
Grill 118
Grün als Hintergrund für andere Farben 20
Gurke 83

H
Hähnchen 87
Halsfäule 100
Handgabel 13
Handschaufel 13
Handschuhe 13
Hartriegel *Cornus alba* 'Elegantissima' 65
Hasenschwanzgras 39
Heidekraut 45, 78–79, 130–131
Heidelbeeren 103
Heilkräuter 92–93
Herbst 26–27, 130–131
Hintergrund 10
Holzdeck 42, 46
Holzkisten bepflanzen 70–75
Hortensie
– kletternde 29
– zwergwüchsige 39, 59, 64

I
Ilex 30
Immergrüne Pflanzen 44–45
Ingwer 90
Iris 60

J
Jasmin 56

K
Kaffeeklatsch 118
Kaffir-Limette 90

Kakteen 28, 59
Kakteensubstrat 18
Kamelie 92
Kamille 92
Kapuzinerkresse 56
Kartoffeln 108–110
– Schädlinge und Krankheiten 110
– Sorten 110
– vorkeimen 109
Kartoffelschorf 110
Katzengras 128–129
Kerbel 83, 97
Kerzen 120
Keulenlilie 28, 35
Kiefer, kleinwüchsige 28
Kieselsteine 74–75
Kinder 58
Kissen 30, 116–117
Knäuel (*Scleranthus*) 62
Knoblauch 90
Kohl, Zier- 130
Kokosfaser, Töpfe aus 13
Konservendosen als Pflanzgefäße 68–69
Koriander 83, 90
Krankheiten 25
Kranz für die Adventszeit 132
Kräuter 10, 46, 56, 64–5, 84, 96–77
– Heilkräuter 92–93
– Herbst 11
– in Blumenkästen 86–89, 88–89
– in recycelten Pflanzgefäßen 66, 70–71
– trocknen 96
– zu Fleisch 86
Kräutertee 93
Krautfäule der Kartoffel 110
Kübel *siehe* Pflanzgefäße
Kumquat 94, 95
Kunstrasen 46–47
Kupferband gegen Schnecken 112
Kürbis 130

L
Lachspäckchen 89
Lampenputzergras 37
Lavendel 10, 45, 52, 54, 56, 57, 64–65
– Kranz 133
– Schopflavendel 28
Leuchter 37

Lorbeer 38

M
Majoran 83
– 'Acorn Bank' 84
– gelbblättriger 71
– kompakt wachsender 86
Marmeladengläser für Kerzen 122–123
Mediterraner Kasten 84–85
Mehltau 99
Metallkiste, bepflanzte 74–75
Minze 56, 71, 83, 88, 94, 96, 97
Mischkultur 25, 49, 82
Mizuna 99
Möbel 30, 37, *37*, *42–43*, 116–117
– befestigen 28
Möhren 83, 111
Moorbeetsubstrat 18
Moose 59, 77, 130
Mosaikvirus 113
Mulch 22, 40
Muskatgarbe 88

N
Nachbarschaftsgärten 46–49
Neuseeländer Flachs 28
Nützliche Insekten anlocken 50, 53, 54–55

O
Olivenöl-Dosen 68–69
Orchideensubstrat 18
Oregano 83, 84

P
Palette als begrünte Wand 78–79
Paprika 83, 107, 130
Partys 118–119
Passionsblume 56
Perückenstrauch *65*
Petersilie 49, 83, 88, 96
– Wurzelpetersilie 86
Pfefferminze 92
Pflanzgefäße
– auswählen 10, 14–17
– befestigen 28
– bepflanzen 22–23
– Country-Stil 50, 53
– Dränage 17
– Eingangstür 64–65
– Frühling 128–129
– Gemüse 80–113
– Gewicht 10
– Größe 14
– gruppieren 14
– Herbst 130–131
– Kräuter 96–97
– Pflanzenverzeichnis 136–137

– Pflege 24–27
– recycelte 66–79
– Strandgarten 62–63
– Terrakotta künstlich altern 14
– umstellen 14
– vorbereiten 17
– Wassergarten 60–61
– Winterschutz 25
Pflanzsubstrate 18, 74
Pflege 10, 24–27
Pflegeleichter Garten 40–43
Phlox 10
Pimms 95
Portulak 99
Purpurglöckchen 29

R
Radieschen 101
Rauke 72
Recycling 66–79
Reiherschnabel *(Erodium × variabile* 'Roseum') 74
Rezepte
– Auberginen-Curry 91
– Brathähnchen mit Kräutern 87
– Kumquat-Mojito 95
– Lachspäckchen mit Couscous 89
– Pimms 95
– Tomaten-Chutney 85
Rhododendron 45
Ringelblume 50, 54
Rittersporn 52
Rosen 50, 52
Rosenschere 13
Rosmarin 28, *53*, 64–65, 71, 83, 97, *133*
Rucola *siehe* Rauke

S
Salat 72–73, 99
Salbei 71, 83, 88
– Johannisbeersalbei 86
– Kranz *133*
– rotblättrige 86, 97
– *Salvia officinalis* 'Tricolor' 71
Samen kaufen 13
Sauerampfer 83, 88
Schädlinge 25
Schädlinge und Krankheiten
– Erdbeeren 103
– Frühlingszwiebeln 100
– Kartoffeln 110
– Salate 99
– Tomaten 104
– Zucchini 113
Schafgarbe 34, *36–37*
Schalotten 84
Schattenspender 30

Schilder für Pflanzen 13
Schlauch 13
Schlüsselblume 59
Schmetterlinge 54
Schmetterlingsflieder 54
Schnecken 103, 112, 113
Schneeball 28
Schneebeere 45
Schnittknoblauch 54
Schnittlauch 71, 83, 97
– Schnittknoblauch 54
Schnittsalat 72
Schorf, Kartoffel- 110
Sedum 41
See-Mannstreu 41
Seerosen 60
Senfkohl 99
Sichtschutz-Pflanzen 34, 38–39, 65
– silberblättriger 71
– Zitronen- 56, 71, 88
silberblättriger Thymian 71
Simse 60
Sitzgelegenheiten *siehe* Möbel
Skimmie 45
Skulpturen 30
Solarleuchten 120
Sommer, Pflege von Kübelpflanzen 26–27
Sonnenblume 54
Sonnenhut 10, *37*
Sonnenröschen 74
Sonnenschirm 30, *42*
Sonnige Standorte 28
Spindelstrauch *(Euonymus europaeus* 'Red Cascade') 131
Sprühflaschen 13
Stadtoasen 34–35
Stauden im Gemeinschaftsgarten 46
Stecklinge 24
Steinkraut 56
Strandgarten 62–63
Strauchveronika 65, 130–131
Sukkulenten 28
Sukkulenten, Substrat für 18

T
Tee, Zubereitung 92–93, 118
Teelichter 118, 120, 122–123, *133*
Teepflanze 92
Terrakotta-Kübel 14, 126–127
Terrarien 58–59, 77, 126–127
Thai-Küche, Blumenkasten für 90–91
Thymian 28, 56, 83, 88, 97
– gelbblättriger 84, 86
– Kranz *133*
– Orangen- 88
Tomaten 49, 82, 83, 84, 104–106

– Ampel- 106
– Fleisch- 106
– Kirsch- 105, 106
– Rispe *106*
– Sorten 106
– Strauch- 104
– Stützen 106
– Typen 104
Tonscherben 66
Triebstecklinge 24–25
Trockenheitsverträgliche Pflanzen 28, 40–41
Türkranz 132

U
Umtopfen 24–25

V
Veilchen *56, 59*
Verbene 56
Violett 10
Vögel, Probleme mit 103
Vogelkäfig, bepflanzter 76–77
Vorkeimen, Kartoffeln 109

W
Wacholder 28
Wandbegrünung 78–79
Wandleiter für Pflanzen 64–65
Wardsche Kästen 59
Wasserspeicherndes Granulat 18
Wassergärten 60–61
Wasserhyazinthe 60
Wassersalat 60
Wasserspiele 30, 52
Weinkiste mit Kräutern 70–71
Weiß streichen, Betonwände 42
Weißfäule 100
Werkzeug 12–13
Werkzeug und Ausrüstung 12–13
Wicken 50
Wimpel 118
Windige Standorte 28
Windschutz 28
Winter
– Farbkombinationen 45
– Kübelpflanzen pflegen 26–27
– Kübelpflanzen schützen 25

Z
Ziergarten, Gemeinschafts- 46
Ziergräser 28, *34*, 35, 39, 64
Zierkohl 130
Zitronengras 90
Zitronenmelisse 92, 96
Zitronenthymian 56, 71, 88
Zucchini 49, 82, 83, 112–113
Zwiebelfliege 100
Zwiebeln 29
Zypergras 60

DANK

Ich weiß gar nicht, wo ich beginnen soll ... Zuallererst danke ich dem großartigen Team bei CICO Books, insbesondere Cindy Richards, für die Chance, dieses Buch zu schreiben.

Sally Powell, Dawn Bates, Caroline West und Ashley Western für ihre engagierte Unterstützung bei der Arbeit an diesem Buch, auf das ich sehr stolz bin.

Herzlichen Dank an Keiko Oikawa und Amanda D'Arcy für die herrlichen Fotos und an Marisa Daly für ihren großen Einsatz und das tolle Styling.

Meiner wunderbaren Familie kann ich für die unglaubliche Unterstützung gar nicht genug danken: meinen Eltern, die mich immer mit großer Zuneigung bei der Verwirklichung meiner Träume unterstützt haben, die mir ihren geliebten Garten zur Verfügung stellten und allerlei Störungen und Unruhe in Kauf nahmen. Meinem großartigen Bruder Nicholas danke ich für seine praktische Unterstützung ebenso wie meinem lieben, einfallsreichen Großvater, der mir immer bei handwerklichen Arbeiten und Reparaturen hilft. Auch meinem Onkel Michael Homer danke ich von Herzen. Vielen Dank sage ich dem Team bei The Balcony Gardener, vor allem Madeline Carrick und Patricia Gill, für ihre unermüdliche Arbeit. Ohne euch hätte ich es nicht geschafft, und unser Essen zur Feier des Buches ist fest versprochen.

Zum Schluss danke ich all meinen lieben Freunden, ganz besonders Sharonne, Elin, Venetia und Abigail für ihre Unterstützung und Liebe.